Coordenação Científica da Colecção Ciências e Culturas
João Rui Pita e Ana Leonor Pereira

Os originais enviados são sujeitos a apreciação científica por *referees*

Coordenação Editorial
Maria João Padez Ferreira de Castro

Edição
Imprensa da Universidade de Coimbra
Email: imprensa@uc.pt
URL: http://www.uc.pt/imprensa_uc

Design
António Barros

Pré-Impressão
Imprensa da Universidade de Coimbra

Capa
© Emanuel Brás. Da série ralo. Panóptico do Hospital Conde de Ferreira, Porto, 2003. Dimens. 55x55 cm.

Print By
CreateSpace

ISBN
978-989-26-0306-3

ISBN Digital
978-989-26-0584-5

DOI
https://doi.org/10.14195/978-989-26-0584-5

Depósito Legal
352711/12

Os volumes desta coleção encontram-se indexados e catalogados na Basedados da Web of Science.

© Dezembro 2012, Imprensa da Universidade de Coimbra

Luís Quintais

Mestres
da Verdade
Invisível

I
U
IMPRENSA DA UNIVERSIDADE DE COIMBRA
COIMBRA UNIVERSITY PRESS

• COIMBRA 2012

SUMÁRIO

PREFÁCIO

O prefácio é, na aceção litúrgica, a parte da missa que precede o cânone. E o escopo deste ensaio é, em larga medida, aquilo que Luís
Quintais designa por *cânone da psiquiatria forense portuguesa*. Um cânone epocal, é certo, mas um cânone. Uma regra, um preceito indissociável
da busca da verdade e da realização da justiça. Da verdade entendida
como a conformidade da ideia com o objeto, do dito com o feito, do
discurso com a realidade. Da verdade que subjaz ao próprio conceito de
justiça. Porque sem verdade não há justiça.

Um ensaio notável, pela singularidade do tema, pela subtileza da análise,
pela fluidez discursiva do texto. Um texto que explora, com argúcia, as
interseções do direito com a psiquiatria, da lei com a doença mental, do
discurso normativo com o discurso empírico, da visibilidade dos crimes com
a invisibilidade das motivações, do poder da razão com a razão do poder.

Ancorado numa metodologia de inspiração foucauldiana, onde avultam
a noção de *arquivo* e a metodologia arqueológica-genealógica cultivada
por Michel Foucault, o autor oferece-nos uma densa e bem documentada
análise antropológica sobre a relação entre "loucura" e "crime", e o dispositivo epistemológico e jurídico destinado a articular eficazmente lei
e psiquiatria, iluminados pelos conceitos de poder disciplinar e de biopoder, indissociáveis do universo foucauldiano.

Recorde-se que a obra de Foucault é, em grande parte, consagrada às
instituições asilares e prisionais[1], à psiquiatria e à loucura[2,3], onde se

---

[1] FOUCAULT, M. (1977[1975]): *Vigiar e Punir: Nascimento da Prisão*. Petrópolis: Editora
Vozes Ltda.

[2] FOUCAULT, M. (1978[1961]): *História da Loucura na Idade Clássica*. S. Paulo: Editora
Perspectiva S.A.

[3] FOUCAULT, M. (2003): *Le pouvoir psychiatrique*. Paris: Seuil/Gallimard.

7

fundem ciência, história e arqueologia. Uma obra marcada pela busca incessante do sentido que se oculta sob as palavras mil vezes repetidas através dos tempos, procurando descortinar o sistema, a invariante estrutural, a rede de simultaneidades que lhes subjaz, e aceder, assim, à compreensão das construções linguísticas ligadas a determinadas práticas discursivas, tais como a reclusão e a punição, a loucura e a sexualidade (Foucault, 1966 e 2005[1969])[4,5]. Um trabalho – uma arqueologia – que obriga à remoção, camada após camada, dos discursos forjados e sedimentados ao longo da história da humanidade. E, à luz do conhecimento assim desvelado – o estudo do epistema de uma época – Foucault identifica, no interior do asilo, um sistema de poder que obedece a uma disposição tática na qual os diferentes indivíduos ocupam um determinado lugar e asseguram um certo número de funções precisas (Foucault, 1977[1975]). Um sistema que viria, porém, a modificar-se no início do século XIX, com as grandes sínteses psiquiátricas e as classificações da loucura transmitidas por Philippe Pinel, que, na sua *Nosographie philosophique* (1798), enumera, entre as vesânias, a melancolia, a mania, a demência e o idiotismo, às quais acrescenta a hipocondria, o sonambulismo e a hidrofobia (cit. in Foucault, 1978[1961], p. 202).

A atribuição da loucura passaria, então, a ser categorizada em função do domínio em que se manifesta e causa devastações: o da força pura – os loucos furiosos –, o da explosão dos instintos e paixões primitivas, o da incoerência das ideias em geral ou de uma ideia em particular – esta última sob a forma de melancolia ou de monomania (Foucault, 2003, pp. 8-9). E a terapêutica definida por Pinel no seu *Traité médico-philosophique sur l'aliénation mentale* (1800) residia na "arte de subjugar e domesticar o alienado, colocando-o na dependência de um homem, que, pelas suas qualidades físicas e morais, se encontre habilitado a exercer sobre ele uma força irresistível e a mudar a cadeia viciosa das suas ideias" (*Id., ibid.*, p. 10)[6]. A disciplina asilar viria, assim, a ser recuperada sob outras

---

[4] FOUCAULT, M. (1966): *Les Mots et les Choses — Une Archéologie des Sciences Humaines.* Paris: Éditions Gallimard.

[5] FOUCAULT, M. (2005[1969]): *A Arqueologia do Saber.* Coimbra: Edições Almedina S.A.

[6] Traduzido do original pelo autor deste prefácio.

vestes pelo poder psiquiátrico, que passa a integrar aquilo que Foucault designa por *microfísica do poder disciplinar* (*Id.*, *ibid.*, p. 75).

Mestres da Verdade Invisível no Arquivo da Psiquiatria Forense Portuguesa inscreve-se nesta linha de investigação e reflexão crítica, constituindo uma fenomenologia da psiquiatria forense, ou melhor, de cerca de cinco décadas – porventura as mais críticas e criticáveis –, da psiquiatria forense. Embora diversas referências históricas atribuam a paternidade desta disciplina a Jean Étienne Dominique Esquirol, autor do livro *Des maladies mentales considérées sous les rapports médical, hygiénique et médico-légal* (1838), a sua emergência a nível europeu viria a ocorrer no último quartel do século XIX. Emergência que ocorre, como o autor faz notar, no contexto de criação e intensificação do biopoder, com especial enfoque na noção de sujeito forense.

O período-alvo do estudo vai de 1884 a 1936, por incluir marcos cronológicos importantes no contexto da investigação, tomando por eixo metodológico primordial os escritos de três psiquiatras portugueses com larga experiência forense: Miguel Bombarda (1851-1910), Júlio de Matos (1857-1923) e Sobral Cid (1877-1941). São estes e, residualmente, outros escritos que constituem a fonte de informação e análise do autor, o *arquivo*, entendido este, na aceção foucauldiana, como "um complexo volume de *loci* discursivos que criam «coisas» e «eventos» e que definem o conhecimento válido de um dado período" (p. 12).

Várias e pertinentes são as questões analisadas por Luís Quintais, todas intimamente relacionadas com discursos, que, de um modo ou outro, geram práticas, moldam relações de poder, transformam realidades. Discursos produzidos por cultores das "ciências humanas" emergentes, entre as quais avultavam a psiquiatria forense, a medicina legal e a antropologia criminal. Discursos de "cientistas" fortemente influenciados pelo positivismo comteano e pela "escola antropológica" italiana (Garofalo, Ferri, Lombroso), que então dominavam na Europa.

A questão seminal prende-se, essencialmente, com a viragem operada no direito, relativamente a conceitos jurídicos fundamentais, entre os quais avultava o conceito de *responsabilidade*. À luz do direito clássico – enformado pelas teorias utilitárias de Beccaria e Bentham, e pela teoria moral de Kant –, procurava-se estabelecer as condições em que uma ação podia ser atribuída a um dado agente, no pressuposto de que este era livre de agir, com vista a reparar o dano causado na ordem moral da sociedade e a sancionar o agente do crime. O ato dependia, pois, da liberdade do seu autor. Ora, os psiquiatras de então – os alienistas – viriam demolir este princípio, opondo àquilo a que Santo Agostinho chamou *liberum arbitrium* – livre arbítrio – o conceito de determinismo biológico. O crime não resultaria de um ato livre, mas de um ato determinado por contingências abnormes que afetavam o corpo e a mente do agente. Dito de outro modo: o crime era uma forma de doença, e o criminoso um doente. Um doente, ou melhor, um monstro, indelevelmente marcado por estigmas físicos (*e.g.* alterações estruturais do crânio, face, orelhas, órgãos genitais) e mentais (*e.g.* demência, epilepsia, paralisia geral), transmitidos por via hereditária.

Inspirados nas pseudoteorias da degenerescência de Haeckel, Morel e Magnan, então em voga, e escorados em entidades nosológicas nebulosas, tais como mania, demência, melancolia, paranoia, imbecilidade, idiotia, epilepsia e loucura moral, os psiquiatras sustentavam, de forma categórica e irredutível, a natureza degenerada do agente do crime.

Estreitamente associado ao conceito de responsabilidade penal, surgia o conceito de *perigosidade social*, conexionado sobretudo com crimes de sangue particularmente violentos, os *crimes sans motifs* da literatura francesa. Crimes sem móbil ou sentido aparente, ininteligíveis, cuja compreensão se furtava ao juízo dos leigos, fossem eles cidadãos comuns ou magistrados. Uma vez mais, tratando-se de atos perpetrados por degenerados, só os especialistas se encontravam em condições de os avaliar e diligenciar para que fossem internados em manicómios criminais ou enfermarias anexas às penitenciárias, a fim de proteger os demais cidadãos e assegurar a paz social.

Apoiado em vasta e importante bibliografia, Luís Quintais analisa e discute, de forma sistemática e acutilante, os efeitos perversos destas práticas discursivas, o papel dos médicos epocais, e o poder que estes reclamavam junto das instâncias da justiça. A justiça e os juízes não podiam, segundo os psiquiatras coevos, continuar a repousar no mero senso comum, obscurantista e pré-científico. Uma justiça que se queria moderna, devia alicerçar-se no moderno conhecimento científico, ou seja, no conhecimento veiculado pela psiquiatria e pelos psiquiatras forenses, os únicos capazes de reconhecer os criminosos degenerados e, porventura, de tratá-los.

Recorrendo a casos de crimes de sangue, que tiveram à época grande impacto na opinião pública, o autor contrapõe as notícias recolhidas em jornais aos relatórios dos exames médico-legais realizados aos autores desses crimes pelos mestres psiquiatras Júlio de Matos, Miguel Bombarda e Sobral Cid, escalpelizando minuciosamente os diversos olhares e desvelando as fragilidades discursivas dos especialistas.

Particularmente emblemático, naquilo que o autor designa por *cânone da psiquiatria forense portuguesa*, é o contraste oferecido pelos processos atinentes a Marinho da Cruz e a Josefa Greno, ambos apoiados em abundantes referências originais. Em um e outro caso, em momentos diferentes dos processos, Júlio de Matos e Miguel Bombarda sentiram necessidade de ver reforçada a sua autoridade científica, convocando, para o efeito, a opinião dos principais vultos da psiquiatria europeia de então, a quem submeteram os respetivos relatórios periciais. Com sucesso, em ambos os casos. Ainda que baseados apenas em relatos traduzidos, nenhum desses eminentes cientistas lhes negaria a solidariedade pessoal e institucional, confirmando a justeza científica dos diagnósticos e opiniões formulados pelos sábios confrades portugueses.

A alteração do quadro institucional viria estabelecer uma nova ordem, cujos dispositivos, são prontamente identificados pelo autor: a reforma penal de 1884, ou "nova reforma penal", o subsequente Código Penal de 1886, que introduziu importantes prescrições relativas à responsabilidade em casos de alegada alienação mental, e ainda, sob o ponto de vista processual, a criação dos conselhos médico-legais, através da carta de lei de 17 de agosto de 1899, diploma seminal da organização dos serviços médico-legais em Portugal, bem como outros textos legislativos que se lhe seguiram neste âmbito (as leis de 4 de julho de 1889 e de 3 de abril de 1896, o decreto de 16 de novembro de 1899 e o regulamento de 8 de fevereiro de 1900). Uma nova ordem que ditaria epílogos diferentes para casos idênticos, alicerçada na reorganização do sistema forense à luz de um modelo biopolítico.

Dito isto, regressemos ao título do ensaio, que espelha de forma inspirada uma questão nuclear da obra: a maneira dicotómica como a loucura era encarada pelo obscurantismo próprio da barbárie e pela ciência iluminada por homens sábios – na circunstância, os psiquiatras e outros cientistas afins. E devolvemos a palavra ao autor, que a explica e sintetiza com extrema clareza: "Dir-se-ia que os alienistas eram os mestres de verdade invisível. As suas valências técnicas prendiam-se com esta capacidade de tornar visível o invisível, de revelar, de dar a ver" (pp. 118-119).

Luís Quintais refere por mais de uma vez ao longo do texto que este seu ensaio é um "estudo com gente lá dentro". Devemos ficar-lhe gratos por ter trazido até nós essa gente, essas pessoas e as suas circunstâncias. Mas também pela inegável qualidade deste seu trabalho de investigação antropológica, que, servido por um estilo envolvente, nos faz sentir – também a nós – lá dentro.

Um livro a ler e a recomendar.

Novembro de 2012

Jorge Costa Santos

Problema

Um dos traços mais desconcertantes das sociedades euro-americanas (aquilo a que apelidamos de Ocidente) desde o século xix em diante prende-se com a infatigável procura de uma minuciosa rede de articulações e instâncias de mediação entre ação e sujeito da ação. De forma mais específica, *explicar uma ação só fará sentido num contexto de apreciação integral do sujeito da ação*. Explicar uma ação fará supor explicar detalhadamente o sujeito que a produziu.

O que ocorreu não deixa de nos interpelar. E tudo parece ter ocorrido numa mútua, imprevisível e nem sempre simétrica inscrição entre *lei* e *disciplina*, como Michel Foucault passará a explicitar desde *Surveiller et punir* (1993 [1975]). *Suplício* e *punição* passam, a partir do século xvii em diante (a Idade Clássica de Foucault) a ter de contar com a presença crescente e constante de uma docilidade hábil e eficazmente instilada por um poder disciplinar com contornos difusos. Passam não apenas a ter de contar com tal presença, como «recuarão»[1] ante os efeitos reguladores do biopoder.

Durante o século xix, uma das modalidades axiais deste biopoder irá consolidar as suas prerrogativas cognitivas e políticas. Refiro-me à

---

[1] As aspas são aqui decisivas, pois este argumento merece ser matizado.

psiquiatria.[2] A emergência desta «ciência humana» ocorre, justamente, no contexto de criação e intensificação do biopoder. As articulações entre lei e disciplina passam a ser desenhadas em torno de um entendimento inteiramente renovado da vida e suas possibilidades de regulação. Um dos aspetos mais salientes da sua afirmação institucional e política virá a prender-se com as suas extensões forenses.[3]

O que tais extensões nos permitem ver é como no espaço euro-americano durante o século XIX e primeiras décadas do século XX (sobretudo quando consideramos o caso português em que a maturação deste processo se arrasta pelo século XX adentro, tendo um início vigoroso, embora tardio, nos finais do século XIX), a configuração lei-disciplina (o seu balanço, a sua qualidade móvel) será constantemente posta à prova. Isto

_____

[2] Sobre o vocábulo «psiquiatria» e seus usos, ver Goldstein (2001 [1987], p.6). São inúmeros os trabalhos historiográficos sobre a perceção/representação da «loucura» e sobre a emergência do saber psiquiátrico desde o lance inaugural de *História da loucura na Idade Clássica* (Foucault, 1999 [1961]). Para uma apreciação de alguns dos seus momentos mais decisivos no que diz respeito ao caso francês, ver Goldstein (2001, pp. 391-397). O estudo de Jan Goldstein é, aliás, um dos mais incontornáveis dado o seu enorme detalhe empírico, mas também dado o domínio crítico que revela das propostas de Foucault e do filósofo da ciência Thomas Kuhn (1962) na sua manipulação da informação documental. Destacaria ainda, no que diz respeito ao caso inglês, os trabalhos do historiador da medicina Roy Porter (*e.g.*, 1987, 1996 [1987]) e os de Andrew Scull (*e.g.*, 1979, 1995). Ver também o estudo do historiador R. A. Houston (2000). Para apreciações mais amplas, embora de sentido contrário (a primeira muito devedora de Foucault e da sua *História da loucura*, a segunda afastando-se radicalmente do território aberto pelo filósofo e historiador francês), ver, respetivamente, os trabalhos de Klaus Doerner (1981 [1969]) e de Edward Shorter (1997). O trabalho de Michel Foucault não foi recebido sem forte celeuma por parte dos historiadores. Para uma apreciação desta polémica, ver, *e.g.*, Gutting (1994b). Em Portugal, a historiografia da medicina e, em particular da psiquiatria, está quase ausente. Neste quadro, destacam-se, *e.g.*, os trabalhos de Ana Leonor Pereira (1984a, 1984b, 1986). Ver ainda Vieira (1982).

[3] Vários são os estudos que nos mostram a importância de que se revestiu este investimento disciplinar sobre as ações humanas, o seu sentido, e, em última instância, o seu valor de verdade. Foucault toca em vários pontos do seu percurso o problema das extensões forenses do saber-poder psiquiátrico (ver, *e.g.*, 1994c [1978]; 1993 [1975], pp.29-30; 1997b [1971], p.46; 1997c [1973]). Foucault refere também em alguns momentos da sua *História da loucura na Idade Clássica* o problema da relação entre «loucura» e «crime» (ver, *e.g.*, 1999, pp.137-40) que, em grande medida, é também o meu. Porém, ele nunca deu desenvolvimento a um projeto de fôlego neste domínio, tal como parecia propor em *A ordem do discurso* (1997a, p.46). Por seu turno, a historiografia da ciência e da medicina (que sofre uma espécie de abalo sísmico com a publicação de a *História da loucura*) não deixou os seus créditos por mãos alheias, como atesta a proliferação de trabalhos sobre a emergência e consolidação da psiquiatria forense. A este propósito, ver, *e.g.*, Eigen (1995), Harris (1989), Nye (1984), Rosenberg (1968), Smith (1981), e Walker (1968). Um trabalho com alcance diverso, mas incontornável no que diz respeito à então nascente psiquiatria forense é o de Jan Goldstein (2001; ver, sobretudo, pp.162-89). Em língua portuguesa, o único trabalho de relevo que conheço foi escrito pelo antropólogo brasileiro Sérgio Carrara (1998).

porque o seu perfil só pode ser mapeado através de uma identificação criteriosa das «forças» históricas, políticas e cognitivas em concurso. De algum modo, o «recuo» da lei em nome da disciplina ocorre, para o contexto português, por duas ordens de razões que o presente estudo convoca transversalmente:

Em primeiro lugar, uma particular visão acerca da natureza humana e com ela da sociedade (uma «Cosmopólis»[4]) será veiculada por médicos filosoficamente informados que se tornarão agentes políticos e administrativos de vulto do biopoder emergente e das suas inflexões disciplinares. Tal processo será particularmente visível desde os finais da Monarquia Constitucional (1834-1910), mas tornar-se-á flagrantemente visível, sob o ponto de vista institucional e político, durante a I República (1910-1926), vindo a produzir efeitos notórios na ordem política e social que se prolongará pelo século xx adiante. De maneira historicamente específica, o que em Portugal ocorreu foi uma espécie de resposta local a um irreprimível movimento de secularização das sociedades europeias que se encontrava em curso há muito em outros lugares. Um movimento de secularização que tornou eventualmente possível o velho «sonho» de uma sociedade moldada pelos critérios e desígnios da ciência e que, no nosso país, teve uma tradução local que pode ser pensada à luz da emergência de um novo direito normalizador e do lugar que aí ocupou a psiquiatria no exercício das suas competências forenses.

Em segundo lugar, em imbricação profunda com aquele pano de fundo, a tensão e assimetria constantes entre lei e disciplina radicará numa conceptualização de «crime», em que avultava, como um dos seus traços distintivos, o que era passível de ser definido como punível: já não o simples cometimento de uma *ação* publicamente sancionável, mas a *motivação* que lhe estaria subjacente. Não aquilo que se *fez*, mas aquilo que se *é* (Foucault, 1994c, p. 463).[5] Em suma, o *sujeito da ação*. Explicando-se o sujeito da ação, explicar-se-ia a ação. Foram várias as disciplinas que colonizaram este espaço entre ação e sujeito da ação, e

---

[4] Sobre o conceito de Cosmopólis, ver Toulmin (1990, pp.67-9).
[5] Ver também Goldstein (2001, pp.409-10).

que procuraram exumar a racionalidade de um ato à luz da racionalidade anatomo-fisiológica e hereditária de um corpo. Foram várias as disciplinas que se afadigaram num exercício de constituição de um discurso definidor daquilo a que Foucault (*id.*) designará no seu ensaio de «indivíduo perigoso» (e perigoso porque produto de forças motivacionais cujo alcance lhe escaparia). Entre elas destacava-se, para lá da psiquiatria, também a antropologia criminal (qualquer uma destas disciplinas fazia parte de um contínuo de saberes em que se desdobrava o exercício da medicina, e de forma mais específica, a medicina legal). Tudo isto haveria de exigir uma previsível redefinição do velho conceito de «responsabilidade». Determinar a responsabilidade seria, para o direito clássico, procurar inquirir em que medida um dado ato seria *imputável* a um dado sujeito.[6] Se equacionar as condições em que uma ação podia ser atribuída a um dado agente da ação seria inquirir acerca da liberdade de um dado sujeito, qual o conteúdo desta noção de liberdade? A questão do *livre-arbítrio* como pressuposto fundamental de uma ação livre, isto é, atribuível ao seu autor, entronca aqui. O que os médicos-filósofos positivistas e materialistas implicados no processo de emergência e consolidação do biopoder moderno realizaram foi proceder a uma tentativa de rasura integral deste conceito. Se em muitos aspetos este movimento é decorrente de pressupostos racionalistas-iluministas acerca da natureza do conhecimento e da razão que conhece (e da possibilidade de melhoramento das sociedades à luz dos produtos da razão), ele é, de algum modo, *anti-iluminista*, visto que não decorre, senão muito sinuosamente, dos modos de conceber ações e agentes de ações em que se fundou o Iluminismo.[7] Seguindo Isaiah Berlin num conjunto de palestras publicadas postumamente acerca das raízes do romantismo e suas implicações no pensamento europeu pós-romântico (1999, p.70), dir-se-ia que, para Kant,

---

[6] Ver Kant (2002 [s/d], pp.97-109). Sobre isto, veja-se ainda a leitura de dois filósofos contemporâneos (Ricoeur, 1997, pp. 41-4; Gil, 1999).

[7] Exemplos maiores disso mesmo teriam sido Kant e Beccaria (1998 [1766]), que, apesar das diferenças e dos débitos do primeiro em relação ao segundo (ver, a este propósito, Marinucci [1998, pp.49-50], e Costa [1998, pp.13-14]), estariam por certo em desacordo total com as redefinições do conceito de responsabilidade dos materialistas-positivistas do século XIX-XX, em que se inserem os pioneiros da psiquiatria e psiquiatria forense portuguesa.

«Iluminismo» seria apenas a habilidade dos homens se determinarem a eles mesmos. A civilização seria maturidade e a maturidade auto-determinação. Os homens são fazedores de ações, sendo que eles se definem pelas escolhas que fazem.[8] Escolhas que são independentes do seu conteúdo (bom ou mau, passível de sanção ou não).

Estas correntes iluministas e pós-iluministas travaram-se de razões durante o século XIX um pouco por toda a Europa. Em Portugal, o debate teve contornos específicos que procurarei deslindar, um dos quais prende-se com o facto de a simples afirmação, aparentemente civilizacional, do livre-arbítrio (na qual nos reconhecemos hoje), poder ser apodada de bárbara, comprometida com desígnios obscurantistas ou com degenerados fins. Seja como for, o que me parece inequívoco é que um novo conceito de responsabilidade emerge deste debate.

A responsabilidade ou a sua ausência passa a depender de uma *evidência* construída e reiterada através de uma panóplia de procedimentos técnicos e de discursos em que a inteligibilidade de um ato fazia supor a inteligibilidade do sujeito sob a forma de uma *analítica* das suas *condições naturais* para a ação. O que interessa reter é que o sujeito livre *tout court* é objeto de uma polémica rasura (senão mesmo de uma irrisão dado o tom paródico que ela assumiu) nos finais do século XIX e princípios do XX em Portugal (e em continuidade com deslocamentos que ocorreram e ocorriam nesse sentido em países como a Itália, a França e a Inglaterra). Como é que isto foi possível, e que implicações institucionais é que isto teve?

O que estará aqui em causa será compreender como é que a noção de sujeito forense é redesenhada por todo um conjunto de discursos, práticas e processos que relevam de uma interação entre disciplinas através das quais podemos cartografar este biopoder.

O que me interessa compreender e dar a compreender é, pois, e sumariamente, o seguinte:

1. Em que descrições médicas se suportou uma nova leitura acerca da criminalidade fundada na radical medicalização desta? Em que con-

---

[8] Como escreve Berlin sobre Kant: «*Men are choosers of acts*» (1999, p.72).

texto disciplinar e político é que isso ocorre? (Veja-se Parte I, «Descrições»).

2. Em que se apoia este processo de hibridização da lei e da disciplina ou de adequação daquela aos propósitos normalizadores desta? Assumindo-se que estamos perante a emergência de um novo paradigma forense, como é que ele emergiu e que lugar aí ocupou a psiquiatria? Como é que conhecimentos dispersos produziram uma rede de saberes que passou a funcionar integradamente? Em que quadro institucional? O que denotam os debates entretanto travados à volta da lei e da psiquiatria? (Veja-se Parte II, «Regulação»).

O percurso cronológico vai de 1884 a 1936 por razões que explicitarei já a seguir e tem por eixo (descontem-se as necessárias derivas) os escritos de três psiquiatras forenses portugueses, Miguel Bombarda (1851--1910), Júlio de Matos (1857-1923), e Sobral Cid (1877-1941), por razões que explicitarei também.

Método

Quero falar acerca de alguns dos *percursos* na redefinição do sujeito da ação na transição do século xix para o século xx no contexto da psiquiatria forense portuguesa (um momento em que ela se encontra em fase de constituição e consolidação do seu nicho de legitimidade pública e probidade científica) e não acerca de uma *experiência subjacente* (que poderia constituir a verdade essencial em que se desdobrariam tais percursos).

A sombra de um passado que é também um *arquivo*, ou seja, um complexo volume de *loci* discursivos que criam «coisas» e «eventos» e que definem o conhecimento válido de um dado período (ver Foucault, 2002 [1969], p.145 e Flynn, 1994, p.29), eis o que me move. *Discursos enquanto práticas*. Poderíamos traduzir isto através da seguinte interrogação: *como é que o conjunto de discursos cria os «objetos» dos quais fala?*

Explicitando: de que forma é que certas formações discursivas, classificatórias e tecnológicas que tomamos como naturais, possuem uma qualidade historicamente contingente e relacional. Assume-se, pois, que a sua *verdade* depende não de uma inevitabilidade cognitiva, mas da concorrência de inúmeros fatores cuja relevância tem de ser sopesada. Se não tenho a pretensão de aceder a *uma compreensão global do passado nos seus próprios termos* (tais projetos compreensivos exigiriam, para lá de recursos que não possuo, uma espécie de fé na possibilidade de descrição global/integral de um passado que me parece improvável), não pretendo também exumar *a verdade essencial dos objetos* que o arquivo define. Ou seja, o modo como ações e sujeitos das ações se definem no arquivo não me permite aceder à *realidade dessas ações e sujeitos das ações*, mas tão-só à *realidade das descrições e definições* disciplinares no arquivo. O meu estudo concentra-se em *estratégias e procedimentos classificatórios*, não no *referente* que terá desencadeado estratégias e procedimentos. Quando falo de *experiência*, por exemplo, não penso que esteja a aceder à experiência de classificadores ou classificados, mas antes à *experiência enquanto discurso* consignado no arquivo.

Isto não é uma *boutade* metodológica (pese embora o hermetismo de muitas das formulações de Michel Foucault quando se trata de pensar isto). Dizer que através do arquivo eu não acedo à realidade histórica da «loucura», por exemplo, não é dizer que o sofrimento daqueles que foram descritos como «alienados» ou «loucos» não existiu algures no tempo. O meu reconhecimento do sofrimento para lá das descrições (e incomensurável em grande medida com estas) exige, ao trabalhar a partir do arquivo, que me atenha às descrições e não a uma condição existencial que se situaria *sob* e seria comensurável com o arquivo (ainda que admita que essa procura de uma condição ontologicamente significativa na sua comensurabilidade com as descrições clínicas e forenses possa seduzir um médico ou um psiquiatra ou um neurobiólogo cujas preocupações transversais excedem quaisquer outras de tipo mais classificatório).[9] Uma

---

9 Por exemplo, é isto que António R. Damásio (1994) faz quando se aproxima do ficheiro clínico de um sujeito como Phineas Gage, usando a informação aí contida para aceder à condição neurofisiológica de Phineas (numa espécie de neurobiologia retrospetiva), e com esta generalizar, à luz de outras evidências, acerca de lesões em áreas do cérebro e valências moral e socialmente decisivas.

condição existencial que me parece de acesso improvável quando temos apenas discursos (e discursos ultramediados pelo arquivo).

Reiterando: a minha incredulidade não é, precisamente, dirigida ao *inegociável facto* de que algo (que tem a ver com uma experiência de sofrimento intenso) foi vivenciado no passado. A minha incredulidade prende-se com a impossibilidade em reconstruirmos essa *experiência subjacente* através dos *loci* de que se compõe a entidade relacional a que chamamos arquivo. E isto porque essa experiência foi fortemente filtrada pelos desígnios do arquivo.

Neste sentido, o meu estudo está muito mais preocupado em analisar esse *território exterior* (de discursos enquanto práticas) que é o arquivo. A minha proposta tem uma dimensão *arqueológica-genealógica*[10], porque pretende não apenas cartografar práticas, discursos e tecnologias no arquivo da psiquiatria forense portuguesa, mas também ver como tais discursos, práticas e tecnologias produziram certos deslocamentos políticos (dos quais continuamos a ser tributários).

Expressões como «loucura» ou «alienação» (a usar um dos seus avatares oitocentistas), apelando para uma condição existencial profunda (um interior que a psiquiatria pretendeu exumar), revelam antes a sua exterioridade e historicidade móveis cada vez que nos debruçamos sobre o arquivo. A sua imprecisão semântica é, aliás, mantida por mim, isto porque, em rigor, tais expressões encontram os seus usos numa deriva a que os alienistas, movidos pela procura de uma linguagem precisa (dotada de «imóveis» valências classificatórias), se quiseram furtar (e daí um certo sabor a ironia que colhemos quando nos confrontamos com a floresta semântica e classificatória dos psiquiatras da transição do século XIX).[11] A sua *verdade-existencial-enquanto-*

---

[10] Se num primeiro momento (que vai de *Les mots et les choses* [1966; ver Foucault, 1992] a *L' archéologie du savoir* [1969; ver Foucault 2002]), Foucault se propunha descrever, por meio de uma *arqueologia* das ciências humanas, os «discursos como práticas especificadas no elemento do arquivo» (2002, p.148), num segundo momento (de *Surveiller et punir* [1975; ver 1993] a *Le volonté de savoir* [1976; ver 1994b]), Foucault pretendia dar ênfase à «tecnologia política dos corpos» e à «tecnologia [política] da "alma"» (Foucault, 1993, p.31, p.39). Ou seja, ao *poder* na sua *cartografia institucional moderna* (poder invisível e disciplinar) (ver, *e.g.*, Goldstein, 2001, p.406n; Flynn, 1994, pp.28-45).

[11] O esforço constante de conceptualização e reconceptualização de formas de alienação mental atravessa boa parte da história da psiquiatria. A analítica da alienação fez-se através de um processo constante de reconstituição do tecido classificatório em que viria a assentar

-*descrição* é, quer o queiramos quer não, um «exército móvel de metáforas», a usar a incisiva expressão de Nietzsche (1997a [1873], p.221).[12] E é este *enquanto-descrição* (sujeito à «torção» do arquivo) que molda o meu projeto. Isto, repito, não é diluir a experiência no discurso, é antes definir o horizonte metodológico a partir do qual se analisa, assumindo, também, sem evasivas, os seus limites.[13] Importa ainda esclarecer o seguinte.

Se se trata de um exercício de interrogação e análise que se inspira em Foucault, porém ele não se reconhece em todas as suas asserções metodológicas, em particular aquelas que se prendem com a obliteração do contexto (em que Foucault não via qualquer valor explicativo) e com o poder entendido como uma entidade ubíqua, total, disseminada e somente transformável através de um realinhamento de posições entre agentes subordinados e agentes dominados, sendo os agentes simplesmente permutáveis.[14]

Ponho sérias reservas a um esquema desta natureza. Em primeiro lugar, porque se o contexto se afigura *explicativamente* débil, ele não é *compreensivamente* débil. Em segundo lugar, porque me parece contestável diluir os agentes (pessoas concretas) num mapa de posições estratégicas em que tais agentes (e toda a sua agência se resume a isto no esquema

a prática médica. Alguns dos momentos mais importantes deste percurso de progressiva diferenciação ocorreram em torno das noções de «demência», «mania», «melancolia», «histeria», e «hipocondria» (ver, a este propósito, Foucault, 1999, pp.251-95). Acrescente-se que a substituição do termo «loucura» por «alienação» ocorre historicamente em França durante o século XVII quer na literatura médica quer na escrita literária. Pinel adota no seu *Traité médico-philosophique sur l'aliénation mentale, ou la manie* (cuja primeira edição é de 1801) o termo «alienação» como um modo de tornar mais científica a psiquiatria então emergente (Goldstein, 2001, p.99n126).

[12] Levo as metáforas muito a sério. Ninguém como Susan Sontag (1991 [1978, 1989]) para nos mostrar os ameaçadores sortilégios das metáforas.

[13] Epistemologia e metodologia entrelaçam-se aqui. Escreve a este propósito o sociólogo da ciência e da tecnologia Hermínio Martins: «A forte distinção por vezes feita entre epistemologia e metodologia fornece outro exemplo da aversão à entrega a um estudo sistemático das lógicas diferenciais das disciplinas ou sub-disciplinas: como se a metodologia não fosse uma epistemologia detalhada e a epistemologia o sistema das metodologias» (1996a, p.40).

[14] Sobre a recusa do contexto em Foucault, ver duas leituras de sentido radicalmente oposto: Merquior (1985, pp.115-128) e Deleuze (1998, p.31). Sobre a permutabilidade dos agentes, ver Rouse (1994). É uma espécie de novo positivismo que leva Foucault – através da sua noção de enunciados (*énoncés*) desenvolvida em *L' archéologie du savoir* (ver 2002, pp.89-141)- a abandonar quaisquer estratégias compreensivas/interpretativas. Não creio que o seu trabalho tivesse eliminado na prática as inflexões de cariz mais interpretativo (o que pode, aliás, ser apreciado através de uma leitura atenta do seu trabalho posterior a *L´ archéologie*).

foucauldiano) mais não fazem do que replicar aquisições que cada deslocamento posicional lhes possibilita.

Se, por um lado, partilho da opinião que os processos modernos de secularização, burocratização e profissionalização em que se funda o biopoder atravessam instâncias várias e se traduzem numa rede de acréscimos tecnológicos e classificatórios que *potenciam* determinados efeitos no espaço social, por outro, esta rede de potencialidades tem de ser constantemente *reatualizada* por todos aqueles cujos interesses se definem pelo jogo de posições que nela ocupam. O *poder é*, a meu ver, *reatualizado, negociado, e exercido permanentemente por indivíduos* (já não apenas sujeitos, mas também agentes).[15] O modo como estes agentes em interação definiram (com tudo o que de complexo, ilocalizável, e, em grande medida, contextual se afirma através dessa interação: uma interação entre agentes, discursos, práticas e tecnologias) uma noção de sujeito forense nova constitui aquilo que gostaria de destacar. São estas modalidades de agência definíveis através dos discursos que me preocupam. Para lá da inclinação arqueológica e genealógica, a imprevisibilidade e indeterminação das ações humanas merece uma análise cuidada. O mesmo não é dizer que se considere a agência à luz de qualquer biografismo fácil. O meu estudo evita assim quaisquer considerações de detalhe em torno das biografias dos médicos que lhe servem de eixo: Bombarda, Matos, Cid (com alguns envios para outros). Aliás, a «biografia» como hagiografia – sob a forma de obituários, por exemplo – foi um dos modos mais apetecidos por uma classe médica entronizadora e laudatória dos seus deuses mais que demónios.[16]

Nesse sentido, manterei em grande medida *em aberto* esta reflexão sobre a agência humana e a produção da história, ainda que este estudo seja um trabalho «com gente lá dentro». Reafirmaria isto, porque, como o leitor poderá apreciar, não é possível, por exemplo, compreender a

---

[15] Jan Goldstein conduz o seu estudo sobre a profissionalização da psiquiatria na França do século XIX, tendo por eixo premissas idênticas (ver 2001, p.4). Goldstein prefere concetualizar o poder como incorporado e não estritamente disseminado como pretendia o rigoroso cartógrafo/arqueólogo das ciências humanas.

[16] Ver, *e.g.*, Cid (1983 [1925]), Coelho (1941), Costa (1941), Fernandes (1952b, 1957, 1958, 1981), Furtado (s/d), Ilharco (1981), Mendes (1985 [1980]), Pádua (1910), Soeiro (1957).

densidade interpretativa exigível pelos diversos estudos de caso a que faço apelo ao longo do meu percurso, sem que se tenha em consideração que as suas sinuosidades, a sua turbulência histórica, a sua irresgatável contingência (que parece em muitos aspetos sobrepor-se a quaisquer intenções estruturais e estruturantes que lhe possamos atribuir), são também o produto da complexidade e indeterminação que podemos pressentir jogar-se no humano.

Tudo isto põe sérias reservas a um modo de pensar o arquivo como se este se tratasse de uma «máquina» que se auto-regula e que, sem a intervenção dos sujeitos enquanto agentes, define «objetos» e «eventos». O arquivo é o produto de práticas de sujeitos/agentes específicos.[17] O que põe sérias reservas a uma conceção excessivamente mecanicista do poder e dos seus espaços de constituição, como, em certa medida, podemos detetar em Foucault.

Se Foucault prefere obliterar a agência humana do tecido da história (por influência estruturalista, mesmo que Foucault recuse sempre influências e tributos), afirmando em permanência este poder ubíquo em que se encontram imersos instituições e sujeitos, a minha estratégia é também a de colocar no centro do palco pessoas concretas. No caso em apreciação, se não defendo a possibilidade de se aceder ao conteúdo mental ou subjetivo da experiência dos sujeitos implicados (a um interior em que se desdobraria tal experiência) creio que uma análise *arqueológica--genealógica e contextual-compreensiva*, como a que defendo, me permite analisar o valor que auferem as determinações individuais no plano das potencialidades inscritas na matriz institucional, ainda que não me interesse praticar quaisquer formas de essencialismo interpretativo. Assim, destacaria a relevância que auferem aqui as sugestões acerca do adensamento de significados (mas também a recusa de quaisquer pretensões essencializadoras do significado) de um antropólogo como Clifford

---

[17] Porém, há a considerar que os diferenciais de poder entre agentes e sujeitos (os que classificam e os que são classificados) é algo que se desdobra no arquivo (que é passível de ser cartografado), e que, em última instância, revela a impossibilidade de se aceder à subterrânea e incomensurável experiência classificada (e aqui Foucault parece-me decisivo) sob a forma do que se denominou de «loucura» ou «alienação».

Geertz (1993a [1973], pp. 3-30). Um texto de Geertz que me inspirou de forma inequívoca foi «Ethos, world view, and the analysis of sacred symbols» (1993b [1973], pp.126-41). Através de uma detalhada atenção ao *wajang* ou teatro de sombras balinês, Geertz desenvolve todo um conjunto de considerações mais amplas acerca da etnopsicologia balinesa, numa modulação entre o micro e o macro que, em alguns momentos, e de outro modo, se encontra também presente no meu estudo. Destacaria ainda as sugestões metodológicas que os escritos de um historiador como Carlo Ginzburg (1991a [1976], 1991b [1989], 1999) encerram. A «micro--história» é uma forma de *close reading* que, como o leitor poderá atestar, não andará muito longe deste meu exercício em vários pontos.

Fontes e observações adicionais

O meu trabalho procura desenvolver esta estratégia entre a *arqueologia--genealogia* (pela ênfase que coloco no modo como os discursos enquanto práticas definem objetos e eventos) *e a compreensão* (que procura, através de um adensamento de sentidos, aceder ao lugar dos sujeitos/ agentes na produção de sentido) tendo por esteio todo um conjunto de materiais documentais. Neles se define a economia discursiva e compreensiva em que se abastece o arquivo da psiquiatria forense portuguesa. Destacaria os tipos de materiais documentais mais relevantes em análise.

Em primeiro lugar, os escritos (sobretudo os escritos forenses) de três psiquiatras portugueses da transição do século xix: Miguel Bombarda, Júlio de Matos e Sobral Cid. A minha escolha destes três médicos não é de modo algum um movimento de progressão argumentativa em torno de biografias plenamente constituídas (e que se não discutem nos seus modos de constituição). A escolha recai sobre aquelas três figuras porque o seu magistério conjunto viria a ser assumido pelos psiquiatras forenses posteriores (e não só: Cid, por exemplo, reclama-se dos «inigualáveis predecessores» Bombarda e Matos [Cid, 1930, p.235]), entre os quais se contam homens como Pedro Polónio (1975, p.14), sendo pois o seu emblematismo uma atribuição émica. Acresce que esta estratégia foi também uma estratégia de «sobrevivência» já que ela facilitou o manuseamento da informação disponível.

O cerne do meu trabalho são os escritos forenses destes médicos que desenham um *corpus* que se impunha (e impõe) identificar. Não foi possível delimitar integralmente este *corpus* (que permanece em aberto), já que, apesar de alguns volumes dedicados em exclusivo à psiquiatria nas suas extensões forenses, a dispersão de materiais por revistas científicas, publicações de vários tipos, processos-crime que se encontram por estudar, manuscritos «perdidos», arquivos de instituições associadas às práticas forenses (como esse órgão colegial a que se denominou conselhos médico--legais de Lisboa, Porto e Coimbra [ver adiante]) é verdadeiramente assombrosa. Sendo finito (presumo), tal *corpus* será passível de ser identificado na sua totalidade, haja fôlego e meios para isso.

Que escritos pois? Reportar-me-ia a alguns dos mais decisivos na construção deste trabalho.

Em relação a Miguel Bombarda cingir-me-ei a dois dos seus trabalhos de vulto, a saber, *Lições sobre epilepsia* (1896a) e *A consciência e o livre arbítrio* (1898, 1902).[18] Farei incursões a casos forenses que este médico publicou em vida, dando destaque ao relatório médico-legal respeitante ao caso Josefa Greno. Apesar de se tratar de um relatório assinado pelo coletivo de peritos reunidos em torno do Conselho Médico-Legal de Lisboa, Bombarda era o seu «relator», e é claramente a figura que se destaca em toda a sinuosa polémica em que este caso esteve envolto (Conselho Médico Legal de Lisboa, 1902). É relevante dizer que vários dos trabalhos forenses de Bombarda (vários apontamentos e estudos de caso) publicados por si em *A Medicina Contemporânea* (um jornal médico de que Bombarda foi mentor destacado, e cuja existência haveria de atravessar as últimas décadas do século xix estendendo-se pelo século xx adentro) não são tratados por mim, ainda que não creia que tais trabalhos ponham em causa o argumento que tracei. Uma viagem cursiva pelas suas páginas, permite-me assegurar que tais trabalhos se inserem

---

[18] A dispersão dos trabalhos de Bombarda é grande. Para um apanhado sucinto, ver o levantamento de Sobral Cid (1983, pp.18-21).

sem grandes sobressaltos no conjunto de preocupações que os seus estudos de maior fôlego consagram de forma mais especiosa.[19]

Quanto a Júlio de Matos destacaria o conjunto de casos que este médico fez coligir em três volumes entre os anos de 1902 e 1907 com o título genérico de *Os alienados nos tribunais* (Matos, 1902, 1903, 1907). Estes trabalhos constituíram jurisprudência para boa parte da psiquiatria forense que se lhe seguiu, sendo citados e comentados em trabalhos (publicados ou não) de médicos e peritos. Trata-se, se quisermos, e dada a sua importância (atribuída por exegetas e outros), de um dos eixos maiores a partir do qual se constitituiu a intertextualidade forense posterior a Matos, que, recorrendo à experiência clínica e forense documentada, procurava aí colher ensinamentos e afirmar a sua autoridade e probidade disciplinar e profissional.[20] Estes estudos forenses apresentam-se-nos numa trilogia de casos que se sucedem em descrições detalhadas acompanhadas muitas vezes de notas de caráter mais geral. Todos os volumes começam com prefácios que dão conta da situação do exercício da medicina legal, e, em particular, da psiquiatria forense em Portugal durante aquele período. Estão organizados segundo duas partes: «Casos criminais» e «Casos cíveis». Como o alcance do meu trabalho se circunscreve *apenas a casos criminais* (o meu problema tem a ver somente com a responsabilidade criminal), referiria que estes se encontram divididos na trilogia de Matos

---

[19] No estudo que consagrou a Bombarda, Cid faz um levantamento dos diversos estudos de caso publicados por aquele médico em *A Medicina Contemporânea* (Cid, 1983, p.20).

[20] Durante o ano de 2002, fiz um trabalho de levantamento de materiais empíricos pertencentes ao arquivo do extinto Conselho Médico-Legal de Coimbra. Tratando-se de pareceres forenses («Exames Mentais») pedidos pelos tribunais a peritos de comarca que, obrigatoriamente, eram objeto de revisão por aquele colégio de especialistas, pude constatar que os trabalhos de Júlio de Matos, em particular a sua trilogia de estudos de caso, *Os alienados nos tribunais*, eram aí frequentemente citados, como exemplo a partir do qual um dado caso deveria ser e era interpretado, o que atesta, pois, a popularidade (e representatividade) entre médicos que os seus escritos colhiam. O levantamento cursivo que fiz junto deste orgão entretanto desaparecido (a sua presença em Portugal vai de 1899 a 1987 [ver, a este propósito, Costa & Azevedo [1989], e Monteiro [1989]]) compreendeu os anos de 1921 a 1936. O relator do Conselho durante aquele período era Elísio de Moura. Não encontrei no arquivo do Conselho pareceres anteriores a 1921. E não é certo que as estantes do arquivo contenham todos os pareceres respeitantes ao período a que me reporto, isto porque, à data em que fechei a minha investigação junto da Faculdade de Medicina da Universidade de Coimbra, os livros de assentos (onde se poderia colher informações sobre todos os pareceres que ali deram entrada durante o período em consideração) não foram encontrados. Sobre a instituição dos Conselhos Médico-Legais em Portugal, ver Parte II, «Regulação».

em «Crimes contra as pessoas» e «Crimes contra a propriedade». Enumeram-se os diversos crimes e capitulam-se as formas nosológicas relativas (ver índices finais dos três volumes citados). Entre as formas nosológicas destacadas estão a «mania», a «demência senil», a «melancolia», a «paranóia», a «imbecilidade», a «idiotia» e a «epilepsia». Destacam-se ainda casos de «alcoolismo» e «simulação». Tais casos referem-se a homens e mulheres provenientes de regiões rurais do norte colhidos por Matos quando desempenhava funções junto do Hospital de Alienados do Conde de Ferreira (a segunda instituição psiquiátrica mais antiga de Portugal)[21] e do Conselho Médico-Legal da 2ª. circunscrição médico-legal do país.[22] Os casos são quase todos de homens, ainda que alguns se reportem a mulheres, sobretudo a mulheres que tinham cometido crimes de infanticídio.

Farei ainda referência ao volume *A loucura: estudos clínicos e médico-legais* (1913 [1889]), onde se encontram plasmados outros estudos de caso médico-legais, ao seu famoso prefácio ao criminólogo italiano Garofalo (1893), que Matos traduziu, e ao seu estudo *A paranóia: ensaio patogénico sobre os delírios sistematizados* (1898). Dois textos de Matos de enorme centralidade na produção do meu argumento são os seus manuais, *Manual de doenças mentais* (1884), e *Elementos de psiquiatria* (1911). Estes trabalhos são uma fonte contextual incontornável a qualquer exercício que se proponha compreender o que foi a psiquiatria portuguesa na sua fase de emergência e consolidação disciplinar.

Quanto a Sobral Cid, faço menção a três momentos decisivos: os estudos reunidos em *Psicopatologia criminal: casuídica e doutrina*,

---

[21] A primeira foi Rilhafoles (1848-1850). O Hospital de Alienados do Conde de Ferreira haveria de ser inaugurado em 1883 sob a direção de António Maria de Sena. Ver a minuciosa descrição que Sena dá desta instituição em finais do século XIX (1885). Para uma breve notícia histórica do Hospital de Alienados do Conde Ferreira, ver Carvalho *et al.* (1996). Ver também, *e.g.*, Jara (1999) e Pereira (1984a, 1986). Para uma avaliação do contexto europeu em que este tipo de instituições surgem, ver, *e.g.*, Porter (1992).

[22] Matos havia entrado como adjunto de Sena para o Hospital do Conde de Ferreira em março de 1883, data da sua abertura. Assume a direção desta instituição em 1890, aquando da morte de Sena. A sua nomeação como "médico alienista do Conselho Médico-Legal do Porto" data de 1899 (Matos; *cit.* Fernandes, 1957, pp.6-8). Em 1911 é destacado como "médico-diretor de Rilhafoles e transferido da Faculdade de Medicina do Porto para idêntico lugar na de Lisboa" (*id.*, p.6), assumindo o lugar deixado vago por morte de Miguel Bombarda que havia sido assassinado por um ex-paciente seu em Rilhafoles nas vésperas da revolução republicana.

publicados na década de trinta (s/d)[23], a que se somam três estudos de detalhe: «As fronteiras da loucura» (1913), «O caso Franz Piechowski» (1930), e «reação anti-social complexa de um perseguido-perseguidor» (1935). É importante, desde já, acrescentar que o trabalho de Sobral Cid merece um tratamento à parte, por razões várias, quanto mais não seja porque se trata de uma figura que marca uma transição na psiquiatria e psiquiatria forense do período. Daí o envio que gostaria de fazer para o meu *Franz Piechowski ou a analítica do arquivo* (Quintais, 2006) que procura pôr em destaque a fenomenologia médica e as implicações públicas de um relatório forense através de um estudo de caso. Importa dizer, porém, que os estudos de *Psicopatologia criminal* de Sobral Cid por mim referidos aqui emulam explicitamente o modelo de Matos em *Os alienados nos tribunais* (ver Cid, s/d, p.xv), e são prefaciados por uma das luminárias da medicina legal da altura, Azevedo Neves. Os casos são provenientes do arquivo clínico da 1ª. circunscrição médico-legal (Lisboa), na qual Cid exercia as funções de perito.[24] Se consultarmos o índice de matérias (*id.*, p.222), verificamos que a maior parte dos casos aí descritos documentam crimes de homicídio (alguns de extrema gravidade que a linguagem de Cid denuncia: «Massacre familia[r]», «Pseudo-sádico sanguinário», «Massacre noturno»). Os casos são capitulados de maneira diversa, destacando-se formas de epilepsia, histeria, paranóia e esquizofrenia. Como veremos adiante, a linguagem psiquiátrica de Cid já é diversa da de Bombarda ou da de Matos.

Os estudos sobre os quais faço incidir a minha atenção não apenas cobrem profusamente o âmbito cronológico da presente tese, como sugerem, por se tratar de trabalhos publicados em vida por estes médicos, uma representatividade que é enfatizada por se tratar de exemplos que

---

[23] O último caso aí apresentado por Cid reporta-se a outubro de 1934 (s/d, p.220).

[24] Cid havia sido destacado para Lisboa em 1911 (proveniente de Coimbra) onde, junto da Faculdade de Medicina de Lisboa, veio a desempenhar as funções da recém criada cadeira de psiquiatria forense. Após a morte de Júlio de Matos (1922), Cid virá, após acesa polémica, a lecionar a cadeira de psiquiatria (onde a de psiquiatria forense havia sido incluída). Em 1923 é designado diretor do manicómio Bombarda onde exercerá funções até ao ano da sua morte (1941) (ver Costa, 1941, p.3; Ilharco, 1981, p.6). Os seus pareceres médico--legais publicados são todos do período em que se associou à Faculdade de Medicina de Lisboa e ao Conselho Médico-Legal da 1.ª circunscrição.

são tomados como canónicos para os médicos. Acresce ainda que privilegiando metodologicamente uma leitura que procurasse adensar o significado dos textos, fui tentado a escolher casos que não apenas auferissem uma representatividade émica para psiquiatras forenses (que fizessem parte do cânone), como casos que tivessem adquirido proeminência no espaço público, e que, em passagem, sugerissem dimensões de análise a partir das quais se pudesse dar um esboço da emergência e consolidação da psiquiatria forense em contexto. Mais. Que me permitissem compreender como é que a psiquiatria forense se fazia na prática. Assim, o meu estudo gira em torno de estudos de caso: o caso Marinho da Cruz e o já citado caso Josefa Greno. Os dois são comparados, e através deles tento compreender o processo jurídico e epistemológico em que assentou a emergência da psiquiatria forense portuguesa.

O famoso caso Marinho da Cruz (1886-1888) encontra o seu eco nos escritos de Matos (ver 1913 [1889], pp.454-5) que, com António Maria de Sena, primeiro diretor do Hospital de Alienados do Conde de Ferreira, assina um polémico parecer acerca da sua insanidade mental. Complementarmente, fui reconstituindo este caso através de materiais diversos. Em grande parte, a minha versão do evento e das circunstâncias que o rodearam procede da imprensa da época, sobretudo do *Diário de Notícias* e do jornal *Democracia Portuguesa*. É, por exemplo, em *Democracia Portuguesa* que um jornalista, Silva Pinto, faz, nos números de agosto de 1888, a defesa da irresponsabilidade penal de Marinho da Cruz. Acrescente-se ainda que Silva Pinto escreveu ainda um documento que agitou febrilmente a polémica em torno da responsabilidade ou irresponsabilidade do arguido. Refiro-me a *O caso Marinho da Cruz: carta a Sua Alteza Real O Príncipe Regente* (1888). O eco dessa polémica pode ainda ser acompanhado através das páginas de *Democracia Portuguesa* referentes, mais uma vez, a esse mês de agosto de 1888. Para mais detalhes sobre o processo, refira-se ainda os documentos (peças do processo) e apontamentos adicionais que o seu advogado de defesa, Tomás Ribeiro, reúne em 1887 por alturas do primeiro julgamento em *Apontamentos da célebre causa criminal de Marinho da Cruz* (1887). Acrescentaria ainda o importante estudo do jurista Bernardo Lucas, *A loucura perante a lei penal: estudo médico-*

-legal dos delinquentes a propósito do crime de Marinho da Cruz (1887). Elementos adicionais podem ser colhidos num influente periódico jurídico como O Mundo Legal e Judiciário. Destacaria aqui as suas edições de 10 de janeiro de 1888 (pp. 541-52), 25 de janeiro de 1888 (pp. 557-66), 10 de fevereiro de 1888 (pp. 573-80), 25 de fevereiro de 1888 (pp. 589-94), 10 de fevereiro de 1890 (pp. 341-6), 25 de fevereiro de 1890 (pp. 357-60), 10 de março de 1890 (pp. 373-5), e 25 de março de 1890 (pp. 389-93 e 400-3). O processo individual de Marinho da Cruz relativo ao seu percurso no interior da instituição militar contém elementos importantes para a reconstituição do caso. Tal processo pode ser encontrado no Arquivo Geral do Exército («processos individuais», caixa 957, n°. 579).

Quanto ao caso Josefa Greno (1901-1902), para lá do já citado relatório do Conselho Médico-Legal de Lisboa de que era relator Miguel Bombarda, a sua reconstituição tem por base materiais complementares vários. Foram aqui particularmente decisivos números do Diário de Notícias e de O Século que nos dão circunstanciadas descrições do crime e do processo que se lhe seguiu. Importa ainda acrescentar que a polémica em torno do caso Josefa Greno se arrastou pelo século xx adentro. O pintor Luís Varela Aldemira (1951) fará publicar, no contexto das comemorações do cinquentenário da Sociedade Nacional de Belas Artes, um estudo sobre a pintora em que critica amplamente as conclusões de Bombarda e da sua equipa. Tal incursão revisionista de recorte psicanalítico será objeto de uma resposta por Barahona Fernandes (1952a). O texto de Varela Aldemira contém elementos importantes dos quais fiz uso na minha II parte. Para lá disso, fiz uso também do Jornal da Sociedade das Ciências Médicas de Lisboa, que nos seus n°s. 1 e 2, de janeiro e fevereiro de 1902, pp. 58-61, dá destaque ao caso Josefa Greno, reportando-se a uma sessão que teria decorrido a 1 de fevereiro de 1902 naquela sociedade.

Se se quiser referir materiais complementares ao eixo documental constituído pelos escritos de Bombarda, Matos, e Cid, convém destacar também outros elementos de arquivo: articulados de legislação e procedimentos vários (que se encontram plasmados em anuários de legislação portuguesa), comentários e exegeses múltiplas (que podemos encontrar em publicações e livros da especialidade), livros, estudos e documentos que promovem leituras de problemas teóricos, técnicos e processuais associados ao exercício da psiquiatria forense no nosso país. De um ponto de vista empírico seria ainda interessante ter um contacto direto com os processos-crime em arquivo nos tribunais portugueses. Apesar do projeto inicial pretender trabalhar estes materiais, tal pretensão foi seriamente comprometida por duas ordens de razões: a total ou quase total ausência de tratamento e organização desses processos. A título de exemplo, referiria que muitos dos processos criminais da primeira metade do século xx procedentes do Tribunal da Boa Hora (Lisboa) só recentemente é que foram encontrados (depois de se julgarem irremediavelmente perdidos), tendo sido remetidos pela divisão de arquivos da Direção Geral de Administração da Justiça, após uma sumária higienização, para a Torre do Tombo onde aguardam tratamento (é aí que, aliás, se encontra o processo de Josefa Greno ao qual não tive acesso direto). Estamos, pois, perante um trabalho de investigação que deverá ser feito mais tarde de forma a avaliar cuidadosamente o lugar que as peritagens médico-legais (entre as quais avultam as peritagens mentais) auferiam nas sentenças (isto se quisermos ter uma leitura mais compreensiva do exercício da psiquiatria forense em Portugal). Porém, esta limitação empírica não enfraquece o argumento que vou tecendo, isto porque o meu enfoque vai, sobretudo, para casos que tiveram fortes repercussões públicas, casos que foram amplamente divulgados no seu tempo e que se mantiveram numa espécie de celebridade anónima que lhes foi concedida pelo cânone da psiquiatria forense portuguesa. E é este cânone que se me afigura analiticamente relevante.

Reconheço, porém, que precisaria de consubstanciar mais sob o ponto de vista documental algumas das formulações tecidas, isto porque se trata de um trabalho que põe a tónica numa cartografia vastíssima de relações entre *loci* de um dispositivo forense em que a psiquiatria era apenas parte. Considero também que uma leitura mais detalhada do problema exigiria de mim um maior contacto com as fronteiras e interstícios disciplinares. Por exemplo, esboço aqui este contacto no que se prende com a relação entre o exercício da psiquiatria forense, o exercício da antropologia criminal e, indubitavelmente, o exercício do direito. Porém, faço-o quase sempre, e apenas, através dos *ecos* que o arquivo da psiquiatria forense sugere, e não através de uma análise de séries procedentes daquelas disciplinas. O que só vem confirmar que um trabalho como este é sempre o produto das posições que o investigador ocupou no terreno. Posições descontínuas, parcelares, contingentes.

Uma nota sobre o âmbito cronológico do trabalho. Procurei circunscrever o meu argumento tendo por limites cronológicos os anos de 1884 (data da publicação do primeiro manual de doenças psiquiátricas e procedimentos forenses português da autoria de Júlio de Matos [1884], e do primeiro volume do primeiro estudo de fôlego sobre os «alienados em Portugal» por António Maria de Sena [1884]) e 1936 (ano da Reforma Prisional, a «primeira grande alteração do sistema penal» [Palma, 2000, p. 15]). As razões porque o fiz não se prendem tão-só com o volume de materiais em arquivo a tratar (aliás, e volto a enfatizar este ponto, o presente estudo, apesar da abundância de materiais empíricos solicitados, não aposta na sistematicidade) mas antes com uma questão estritamente argumentativa. Interessou-me perceber como é que os procedimentos classificatórios na constituição de um novo sujeito forense (em que esteve implicada a psiquiatria forense de forma destacada) se plasmaram no plano da legislação penal, por exemplo, e, nesse sentido, A Reforma Penal pareceu-me constituir um ótimo espaço de análise de tal problema pela sua inflexão decididamente antropológica.[25]

---

[25] Inflexão antropológica já que a Reforma Prisional de 1936 haveria de criar «um sistema de reações prisionais referidas à personalidade delinquente» (Palma, 2000, p. 15).

PARTE I
DESCRIÇÕES

Quando novas descrições se tornam disponíveis, quando elas entram em circulação, ou mesmo quando se tornam coisas que podem ser ditas ou pensadas, então há novas coisas que podemos escolher fazer.

Ian Hacking, *Rewriting the soul*

CAPÍTULO II
DESCRIÇÃO ANATOMO-CLÍNICA

À altura em que Bombarda, Matos e Cid escreviam, a medicina pretendia não apenas *tornar a criminalidade uma função da insanidade
mental* (desafiando e reconstruindo toda a ordem epistemológico-jurídica
da época), mas também *tornar integralmente comensuráveis insanidade
mental e patologia do corpo*. É um influente historiador da medicina
e da jurisprudência da insanidade, Roger Smith (1981, p.44), que assegu-
ra estarmos perante uma leitura fortemente «fisicalista» das patologias
da mente, escrevendo que o argumento mais relevante deste fisicalismo
provinha do exame pós-morte de cérebros, membranas envolventes e
vasos sanguíneos adjacentes, acrescentando que «a autópsia era considerada a chave para integrar alienismo e medicina científica» (*id., ibid.*).[26]
Como assinala também Ruth Harris (1989, p.25), «a aproximação anatómica conduziu a uma procura de um entendimento "fisicalista" das bases
da doença mental, uma tradição que tendia a equivaler a mente ao corpo
e sugeria que todas as operações mentais seriam ultimamente reveladas
como combinações de processos físicos». Segundo Harris, ainda, desde os
anos vinte do século XIX que este «olhar» médico novo era conhecido como
método «anatomo-clínico», fazendo concentrar a sua atenção nas relações
entre lesões orgânicas localizadas e o quadro classificatório e clínico que,
afinal, se reportaria a meras manifestações exteriores de uma condição
somática subjacente de caráter patológico.

---

[26] Todas as traduções são da minha responsabilidade.

Estas investigações a partir de crânios abertos, cérebros expostos e meninges escrupulosamente dissecadas, levariam à produção de uma zona de veemente articulação entre a nova ciência da alienação (a psiquiatria emergente) e as mais prestigiadas correntes da medicina científica de oitocentos. É notório que, de forma mais ou menos intensa, homens como Miguel Bombarda e Júlio de Matos tenham demonstrado preocupações nesta área das correlações entre lesões cerebrais/viscerais e nosologia.

Assim, no seu *Manual de doenças mentais* (1884), Júlio de Matos dedica um capítulo à «anatomia patológica» (*id.*, pp.56-61). Propõe-se aí estudar todo um conjunto de alterações e lesões que revelariam o substrato orgânico em que assentava a alienação. Entre estas avultavam «alterações cranianas», «lesões das meníngeas e do cérebro», «lesões da nevróglia», e «lesões viscerais».

Entre as «alterações cranianas» (*id.*, pp.56-7) avultavam as «alterações de volume» (recorrentes entre os «idiotas»), em que os diâmetros cranianos se apresentavam reduzidos e o crânio era de «capacidade inferior à normal». Avultavam também as «alterações de forma» (igualmente comuns entre idiotas, mas transversais «a todas as espécies de loucura»). Matos refere a «inclinação excessiva do osso frontal» e a «dolicocefalia», ou seja, «o predomínio anormal do diâmetro antero-posterior sobre o diâmetro lateral do crânio». Por último, reporta-se às «alterações da estrutura» comuns na alienação mental: «paredes cranianas adelgaçadas e friáveis» e «exageração na espessura dos ossos».

Entre as «lesões das meníngeas» (*id.*, pp.57-8), era frequente encontrar-se na dura-mater «núcleos de ossificação, variáveis na forma, no volume e na sede». Este tipo de lesão seria frequente sobretudo entre epiléticos, dementes e paralíticos gerais. Na dura-mater poderia detetar-se ainda «aderências ao crânio», «hiperemias» e «a existência de vasos de nova formação». Na aracnoideia era frequente identificarem-se a hiperemia e a «isquémia», mas também os «aumentos de espessura e a opacidade». A opacidade da aracnoideia seria vulgar na paralisia geral, mas era frequente detetá-la na «demência simples» e na «mania crónica». Detetavam-se ainda na aracnoideia «derrames serosos» que seriam comuns entre as «formas crónicas da loucura». Por sua vez, na pia-mater era frequente identificar-se a hiperemia e a isquémia. Nos casos de indivíduos afetados pela paralisia geral detetavam-se «aderências desta membrana [pia-mater] à substância cortical do cérebro» que tornavam «impossível destacar as meníngeas sem arrancar substância nervosa».

Entre as «lesões cerebrais» (*id.*, pp.58-60) destacavam-se «lesões morfológicas», em que avultavam «a irregularidade da primeira e da segunda frontal», «a saliência gibosa dos lóbulos paracentais», e o «alargamento dos sulcos que aumentam à custa da reabsorção da substância cortical das regiões vizinhas». Matos refere ainda que as «alterações de peso» seriam frequentes no cérebro dos alienados, salientando que «a diminuição do peso é um fenómeno constante na idiotia, na demência e muito frequente na loucura epilética antiga e na mania crónica» (*id.*, p.58). Assinala a «desigualdade de peso entre os hemisférios», e as «lesões de circulação» («congestão» e «anemia») entre os indivíduos afetados de alienação mental, e também a «atrofia» e a «hipertrofia» das células nervosas, sendo a primeira muito comum na «demência senil», «em que chegam a encontrar-se lacunas de substância cinzenta visíveis a olho nu», e sendo a segunda muito frequente nos «processos alucinatórios». Entre as lesões cerebrais, Matos põe em evidência as «degenerações granulo-gordurosa, vítrea, colóide e amilóide». As degenerações granulo-gordurosas seriam identificáveis ainda nos «tubos nervosos» e na «substância branca do cérebro».

Entre as «lesões da nevróglia» (*id.*, p.60), Matos destaca as «hiperplasias» muito recorrentes entre os paralíticos gerais, descrevendo-as como um processo de «proliferação luxuriante do tecido celular intersticial do cérebro» que «produziria lentamente o esmagamento das células e dos tubos nervosos cuja vida seria suplantada e mesmo pouco a pouco substituída pela vitalidade própria do tecido parasitário» (*id.*, p.60).

Por último, entre as «lesões viscerais» (*id.*, pp.60-1), Júlio de Matos defende a frequência estatística de «lesões cardíacas e vasculares» entre os alienados, acrescentando ainda a presença constante das «lesões da pneumonia e da tísica pulmonar». As «lesões dos órgãos abdominais» seriam menos frequentes, à exceção das do fígado, destacando também a constante incidência de «cálculos biliares» entre os alienados.

Para lá da linguagem técnica em que estas lesões anatomo-patológicas são descritas[27], impõe-se sublinhar que a sua descrição tende para uma *reiterada recursividade entre formas de classificação e o esteio anatomo e fisio-patológico subjacente*. Este substrato orgânico afirmar-se-ia para o contexto médico da altura como um horizonte de verdade sem o qual jamais se poderia chegar à nosologia perfeita. Matos escreve acerca desta demanda por uma correspondência entre as observações clínicas e nosológicas e as observações anatomo-patológicas e fisiopatológicas:

> A melhor das classificações seria, sem dúvida, a que repousasse sobre a anatomia e fisiologia da loucura. Seria essa, mesmo, a única aceitável por verdadeiramente natural e científica, se o estudo estático e dinâmico do cérebro tivesse atingido a perfeição de que está ainda hoje, mau grado numerosos trabalhos de análise, enormemente distanciado. Ao futuro compete tornar extensível ao encéfalo o estudo anatomo--fisiológico realizado já, em condições relativamente favoráveis, para o centro medular. Até lá somos forçados a fazer consistir a base taxonómica das perturbações do espírito em elementos exclusivamente fornecidos pela observação clínica, embora reconheçamos a insuficiência de um tal fundamento, essencialmente provisório (*id.*, p.64).

Daí que as classificações por si adotadas detenham um recorte «etiológico-sintomático», e tenham, ao contrário das classificações

---

[27] Se bem que a rede concetual em causa seja irrelevante na presente apreciação, deixaria aqui elementos sobre o significado de alguns termos específicos que se prendem com as estruturas anatómicas a que se refere Matos. «Aracnoideia (ou aracnóide) [...] Membrana conjuntiva fina situada entre a dura-máter e a pia-máter. Encontra-se ligada em toda a sua extensão à face interna da dura-máter. O espaço entre a aracnoideia e a pia-máter (espaço subaracnoideu) está cheio de líquido cefalorraquidiano.» «Dura-máter [...] Membrana fibrosa, espessa, resistente, que constitui a meninge externa. A sua superfície externa encontra-se eriçada de vilosidades e adere ao osso ao nível do crânio, mas mantém-se separada dele ao nível da coluna vertebral, formando assim o espaço epidural.» «Nevróglia [...] Tecido de suporte do sistema nervoso, formado por células de grandes dimensões: macróglios [...], micróglios.» «Pia-máter [...] Fina lâmina de tecido conjuntivo laxo [*sic.*, o mesmo que débil ou fraco] e transparente que cobre toda a superfície externa do eixo nervoso cerebrospinhal. Com a aracnoideia, forma as leptomeninges [...] Está separada da aracnoideia pelo espaço subaracnoideu. Distinguem-se a pia-máter raquidiana e a pia-máter craniana» (retirado de Manuila *et al.* 2000 [1999]).

«exclusivamente sintomáticas ou antes psicológicas de Pinel, de Esquirol e dos seus discípulos», a vantagem de ser «essencialmente» médicas, isto é, tendencialmente orgânicas (*id.*, p.66).

Estamos perante uma interpretação acentuadamente monista da relação mente-corpo, como assinala Ruth Harris (1989, p.27). Uma interpretação monista que pretendia conduzir a psiquiatria para uma reconstituição do mapa classificatório das doenças mentais de acordo com princípios e regras de inquestionável rigor e cientificidade (*id.*, p.26). A aproximação à investigação neurológica torna-se então um dos modos de afirmação desta cientificidade. A economia explicativa fará supor a estrita observância anatomo-patológica e fisiopatológica do cérebro como núcleo e substrato lesional da alienação mental. Neste sentido, Júlio de Matos escreverá em *Elementos de psiquiatria* (1911):

> É, a nosso ver, abusivo ampliar a área da anatomo-patologia das psicoses de modo a nela introduzir tudo o que na loucura tem um carácter somático. Essa ampliação não pode fazer-se senão à custa de um proporcional estreitamento do campo da sintomatologia, tomando por *lesões* todos os *sinais* e *estigmas* da loucura, o que nos parece nocivo à clareza e precisão dos assuntos. Se os *caracteres somáticos* (sintomas, sinais e estigmas) da alienação podem observar-se em todo o organismo, as suas *lesões* estão todavia no cérebro, porque ela *não é uma doença de toda a individualidade senão porque é uma doença deste órgão supremo da economia (id., p.147).*[28]

Esta procura de uma correspondência entre lesões do cérebro e modos de classificar é, aliás, um dos traços mais marcantes do conjunto de considerações que a este respeito tece Miguel Bombarda.

Bombarda, considerado pelos seus pares um dos reformadores da assistência psiquiátrica em Portugal pelo seu trabalho de profunda reorganização do Hospital de Rilhafoles, manteve, para lá de tudo isso,

---

[28] Itálicos no original. Todos os itálicos da minha responsabilidade são assinalados ao longo do ensaio.

um estreito compromisso com a ciência do seu tempo.[29] Antes de se considerar as transformações por si operadas naquela instituição hospitalar como realizações eivadas de compaixão para com o sofrimento dos alienados, como poderá resultar de uma leitura que se atenha a atribuições coevas e posteriores imbuídas de uma espécie de inclinação heroicizante e hagiográfica[30], é importante explicitar aqui que Bombarda procedeu a uma radical racionalização hospitalar na qual não foi negligenciada a ciência experimental do período. De algum modo, Bombarda foi tributário do pioneiro António Maria de Sena. Sena (sem dúvida um dos pais da psiquiatria portuguesa, senão o seu antepassado apical mais incensado pela geração de Matos e Bombarda) haveria de manifestar o seu profundo apego não apenas à extrema necessidade de dotar a assistência psiquiátrica portuguesa de princípios fortemente consonantes com o «sentimento de humanidade» (Sena, 1884, p.xi) que permearia as sociedades pós-iluministas, mas também à ideia de que uma ciência psiquiátrica com uma base experimental sólida deveria ter no hospital um dos seus laboratórios preferenciais. Num estudo pioneiro onde faz o primeiro levantamento estatístico sistemático acerca da incidência da alienação mental em território nacional, revelando as pretensões sociais e políticas da então incipiente psiquiatria portuguesa, exorta os médicos portugueses a procurarem complementar o seu «lado humanitário» com o seu lado experimental (1884, pp.58-9). O hospital não seria apenas uma «máquina para curar» (ver Foucault *et al.*, 1995 [1976] e Goldstein 2001, p.48), mas também uma *máquina para conhecer*.

Bombarda parece reconhecer plenamente esta vocação experimental do hospital psiquiátrico, pois no seu relatório «O Hospital de Rilhafoles e os seus Serviços em 1892-1893», publicado dez anos depois do célebre estudo de Sena, faz incluir uma descrição circunstanciada das atividades científicas do hospital em que se destaca uma memória sobre as autópsias

---

[29] *E.g.*, Cid (1984 [1927], pp. 5-21). Para uma leitura da institucionalização da assistência psiquiátrica em Portugal, ver, *e.g.*, Pereira (1986).

[30] *E.g.*, Pádua (1910), Cid (1984), Fernandes (1952b), Mendes (1985).

realizadas durante aquele período (Bombarda, 1894, pp.71-4).[31] Apesar de enfatizar que se trata apenas de «simples notas necroscópicas» que revelariam a sua falta de tempo para acudir a todas as dimensões em que se desdobraria o hospital - durante o período a que se reporta o relatório, Bombarda havia assumidamente privilegiado «a reorganização higiénica e administrativa do hospital de Rilhafoles» (*id.*, p.71) -, nota-se nesse conjunto de apontamentos não somente uma vocação sistematizadora dos resultados experimentais das dissecações de cadáveres de alienados, mas também uma tentativa em fazer reforçar as correspondências entre nosologia e descrição anatomo-patológica.

No mesmo relatório sobre o funcionamento do hospital que dirigia, Miguel Bombarda faz incluir, logo depois das suas notas necroscópicas e de um conjunto de elementos acerca de um futuro museu a instalar em Rilhafoles, um catálogo de preparações microscópicas divididas em dois grandes grupos: «histologia normal» e «histologia patológica» (*id.* 74-6). Entre as nosologias representadas pelos preparados histológicos destaca-se a «paralisia geral» num conjunto de 22 ocorrências para um total de 58 preparações microscópicas de histologia patológica. Esta categoria anatomo-clínica, era, segundo Júlio de Matos no seu *Manual de doenças mentais*,

> uma afeção clinicamente caraterizada pela coexistência de lesões so-
> máticas – consistindo principalmente em hesitações da palavra, trémulo
> dos membros, perturbações da sensibilidade e enfraquecimento muscular
> – e lesões psíquicas – consistindo num estado constante de demência,
> que pode existir isolado, mas que não exclui as mais variadas formas

---

31 Testemunhos médicos asseguram-nos da relevância da inflexão experimental em Bombarda e dos seus esforços em conferir-lhe uma moldura institucional em Rilhafoles. Escrevia em 1952, o psiquiatra Barahona Fernandes a este propósito: «Um facto de extraor- dinária importância há [...] a notar – o apelo feito por Bombarda a Mark Atias, então recém chegado de França, do Laboratório do histologista Matias Duval, onde se iniciara na técnica e fizera um valioso estudo sobre a histogénese das células do cerebelo. Bombarda criou então *o laboratório de Rilhafoles, um dos viveiros do espírito experimentalista e positivo, onde se gerou a moderna medicina e investigação científica em Portugal* [...] A corrente cientista da estirpe de Bombarda continuou-se até aos nossos dias, solidamente baseada nos estudos laboratoriais e orientação clínica de base positiva, que culmina em Pulido Valente e Fernando da Fonseca» (1952b, p. 172; itálicos meus).

delirantes. Anatomicamente a doença consiste numa periencefalite intersticial difusa (1884, p.180).

Defende Ruth Harris (1989, p.26) que a identificação da paralisia geral foi destacada pelos investigadores da altura como um dos acontecimentos cruciais para a psiquiatria na sua cruzada por uma legitimidade científica inquestionável. Assim, no Congresso Francês de Medicina Mental realizado em Paris em 1889, o alienista J.-P. Falret *fils* declarava que a paralisia geral «constituía a mais importante descoberta do século» (*cit.* Harris, 1989, p.26). Esta categoria prestar-se-ia bem a uma descrição que repousasse nas lesões orgânicas visíveis que a indiciavam, podendo afirmar-se como modelo anatomo-patológico para as demais entidades nosológicas. A sua classificação e descrição necroscópica (e a tácita correlação entre as duas) dariam aos alienistas um renovado fôlego nas suas pretensões neuro-anatómicas e neuro-fisiológicas acerca de uma teoria unitária das patologias da mente.[32] Tornam-se então intensos os usos de técnicas histológicas e microscópicas que, assim se esperava, poderiam tornar visível o invisível das patologias da mente-cérebro.

O que é interessante nesta tensão entre o visível e o invisível é o facto de se estar face a um dos princípios vetoriais a governar a translação entre insanidade mental e patologia do corpo, e, correlativamente, a translação criminalidade e insanidade mental. Um estudo de caso da época permitir-nos-á compreender melhor este movimento que vai do crime às lesões anatomo-patológicas.

---

[32] São, por exemplo, inúmeras as referências que Júlio de Matos, fortemente ancorado em epistemologias positivas, faz a esta nosologia (ver, *e.g.*, índice dos seus *Elementos de psiquiatria* [1911, pp. 636-7]). Matos acerca das lesões macroscópicas da paralisia geral, escreverá sugestivamente o seguinte: «O encéfalo de um paralítico tendo atingido o período terminal, oferece lesões apreciáveis à vista desarmada e mesmo à exploração tátil, quer do lado das meningeas, quer do tecido nervoso» (1911, p. 320). A paralisia geral era entendida, por Júlio de Matos (1884, pp. 163-202), como uma «loucura orgânica», e daí porventura a dimensão modelar que aufere no quadro das classificações nosológicas do seu tempo. Para alguns (Berrios, 1999a [1995], p. 39), a eleição da paralisia geral como modelo ou paradigma orgânico das doenças mentais nos finais do século XIX é contestável. Seja como for, o que esta nosologia indicia é a procura, no modelo anatomo-clínico que lhe serve de referência, de *uma explicação unitária e estável para a enorme fragmentação e instabilidade nosológica coeva.* (Sobre isto ver, *e.g.*, Berrios e Beer 1999 [1995], pp. 313-35).

§

Na madrugada de 26 de junho de 1901, a pintora Josefa Greno assassinou o marido, Adolfo Greno, a tiros de revólver. Tendo sido levantadas em juízo suspeitas acerca da sua integridade mental, Josefa foi apresentada ao Conselho Médico-Legal da circunscrição de Lisboa que, após exame cursivo, solicitou que ela fosse internada no hospital de Rilhafoles de maneira a ser sujeita a criteriosa observação. Nesse sentido se procedeu, e Josefa deu entrada em Rilhafoles a 2 de julho desse ano de 1901, sete dias após o crime.

Josefa assassinara o marido entre as 4 e as 5 horas da madrugada desse dia 26 de junho com um revólver que havia sido adquirido com a intenção expressa de o assassinar. Ao contrário do que era comum acontecer, a pintora deitara-se nessa noite com o marido. Terá permanecido em claro toda a noite. À hora indicada, e após um breve momento de hesitação, Josefa disparou sobre Adolfo quatro tiros de revólver à queima-roupa que o mataram.

O relatório dos peritos, em que avulta Miguel Bombarda como relator, é datado de 4 de outubro de 1901. Os peritos pronunciam-se pela alienação de Josefa, capitulando-a de paranóica, e afirmando que o crime não era senão produto da sua loucura: «Não temos pois senão que [...] afirmar que Josefa Greno está doida e que o crime de que é acusada é fruto imediato da sua doença mental» (Conselho Médico-Legal de Lisboa [a partir daqui CMLL], 1902, p.13).

O que é interessante retermos, desde já, é a «celeuma» (uma celeuma que, como veremos, terá sido mais retórica que outra coisa) que o caso Greno produziu na sociedade portuguesa da altura. Dir-se-ia que se terão levantado sérias dúvidas acerca das conclusões dos peritos. Dúvidas de que temos hoje apenas, ou quase apenas, o eco dos escritos de Bombarda e colaboradores. Bombarda, homem particularmente combativo e impetuoso, publica com os peritos Silva Amado e Diogo Valadares o parecer médico-legal, fazendo-o acompanhar de dezasseis pareceres de alguns dos mais influentes alienistas e especialistas forenses da época, a quem havia solicitado, por carta, colaboração. Refiro-me, entre outros, a Matos, Lombroso, Sèglas, Magnan, Kraepelin, Schule, Wernicke, Hitzig, e Kraft-Ebing. Este conjunto de documentos envoltos numa retórica inflamadíssima (para lá do seu detalhe técnico) era acompanhado ainda, em jeito de *post-scriptum*, do relatório da autópsia de Josefa Greno que falecera aos 54 anos de idade de «mal de Bright» às 21 horas do dia 27 de janeiro de 1902 (*id.*, pp.85-98).[33] A autópsia foi realizada por Miguel Bombarda às 9 horas do dia seguinte, tendo Bombarda contado com a assistência de Silva Amado, Caetano Beirão (colaborador de Bombarda em Rilhafoles), Mark Atias (preparador do laboratório do hospital e especialista em anatomia do sistema nervoso), e o histologista Celestino da Costa. O cérebro de Josefa apresentava-se como se de uma «ruína» se tratasse, e pelas lesões evidenciadas revelar-se-ia «absolutamente incompatível com um espírito são». As lesões eram «grosseiras», «brutais», e em intertextualidade explícita (que em inúmeros momentos do relatório é chamada à colação), diz-se que tanto as viscerais como as cerebrais só seriam comparáveis às de um célebre assassino francês autopsiado em 1872 naquilo que teria ficado conhecido, para os anais da medicina forense, como «o caso Sandon» (CMLL 1902, p.88):

> Ora, o que há de verdadeiramente notável é que as lesões cadavéricas encontradas são de uma quase completa identidade com as que se descobriram em Josefa Greno [...] Não há placas de ateroma, mas há a dureza das artérias cerebrais, seguramente esclerosadas; não se encontra o fígado gordo, mas um fígado cirrótico; não se acha um rim degenerado em gordura, mas sim esclerosados e hemorrágicos os dois rins. Mas há completa identidade no resto e sobretudo no que mais importa – as lesões do cérebro: coração hipertrofiado, aorta esclero-aromatosa *e no cérebro focos hemorrágicos, grandes e pequenos, em todas as fases de transformação regressiva, incontestavelmente de velha data uns, recentes outros e tendo trazido a morte* (*id.*, pp. 88-9).

---

[33] «Mal de Bright» ou «doença de Bright»: trata-se de qualquer uma de várias doenças de rins acompanhada por *glomerulonephritis*, isto é, uma espécie de inflamação do rim envolvendo sobretudo uma estrutura de capilares que se designa por *glomerulus* (ver, *e.g.*, Parker 2002).

O que me parece ficar demonstrado através do caso Greno é, para lá da complexa tecitura em que se traduzia a translação criminalidade / insanidade mental, a tentativa em tornar comensuráveis os domínios da insanidade mental e os da anatomo e fisiopatologia. Esta aproximação anatomo-clínica ter-se-á pautado por uma intransigente procura de adequação das ordens do invisível e do visível, do interior e do exterior, numa tensão permanente entre mente e cérebro que, através de uma estratégia económica, subordinava o primeiro dos termos da tensão ao segundo.

CAPÍTULO III
DESCRIÇÃO NEUROFISIOLÓGICA

A ausência de índices orgânicos apreciáveis (anatomo-patológicos) não desmobilizaria estes médicos. A ênfase na complexidade do tecido vivo e nas suas eventuais disfunções processuais iria conduzi-los ao invisível fisio-patológico e a uma aproximação cada vez mais acentuada à neurofisiologia. As investigações neurológicas eram, para os alienistas da época, a guarda avançada da embrionária ciência experimental das patologias da mente e, em última instância, o horizonte de visibilidade para uma ciência experimental da mente *tout court* em que o patológico seria apenas o portal de acesso a uma compreensão do normal.[34] Antes do mais, importa desenvolver aqui algumas considerações contextuais.

O século xix assistiu a uma transformação paradigmática no domínio da psicologia. Esta abandona as suas pretensões filosóficas e aproxima-se da biologia. Como nos mostra o influente historiador da ciência Robert M. Young (1990 [1970], pp. xx-i), até às últimas décadas do século xviii, os psicólogos adotavam categorias de análise que provinham da tradição filosófica. Atributos da mente como «memória», «inteligência», «imaginação», entre outros, eram cooptados pelos psicólogos. A transformação paradigmática que ocorre após a influência de Franz Joseph Gall, radica num realinhamento do conjunto de categorias em uso. Neste realinhamento avultava uma alteração de contexto para a psicologia e a fisiologia, em

---

[34] Para uma reflexão sobre a polaridade normal/patológico, ver o clássico de Georges Canguilhem, *Le normal et le pathologique* (1994 [1966]). Sobre este ver ainda o estudo que lhe consagrou Michel Foucault (1994d [1978]).

que uma aproximação primordialmente filosófica no interior de uma moldura estática cede lugar a uma aproximação biológica fundada na dinâmica da evolução (Young, 1990, p.xxi). Assim, entre 1822, data da publicação do primeiro volume de *Sur les fonctions du cerveau* de Gall e 1886, data da publicação da edição definitiva de *The functions of the brain* de David Ferrier,

«o estudo do cérebro e das suas funções tornara-se uma ciência experimental baseada na teoria da evolução. Concomitantemente, a mente tinha deixado de ser vista como uma substância isolada, cujo papel seria a representação da realidade, e a sua investigação um ramo da metafísica. O estudo da mente tornara-se uma ciência biológica que dizia respeito a uma importante função do organismo, e o seu papel na adaptação ao meio começava apenas a ser investigado (*id*., p.7).

A grande questão era agora a que se prendia com a relação entre funções biologicamente significativas num córtex organizado em termos sensório-motores e uma psicologia fundada em categorias fisiológicas de «sensação» e «movimento» no interior de uma moldura associassionista (*id*., p.xxi, p.7). Muito sinteticamente, o que importa destacar em tudo isto é que este tipo de aproximação viria a ter uma influência profunda no modo de concetualizar a patologia mental. Destacaria, sobretudo, que a investigação médica sobre as desordens do contínuo cérebro-espinal reiterava não somente a transformação e adaptação deste em função do meio (filogénese / ontogénese), mas também a contínua e hierarquizada natureza da sua arquitetura que teria por pólos inferior e superior níveis inferiores de atividade reflexa e automática e níveis superiores de operações mentais sediados nos hemisférios cerebrais que, por seu turno, implicavam uma teoria acerca das ações humanas que fazia opor, respetivamente, ações inconscientes a ações conscientes. O que parecia obcecar os médicos do século xix e princípios do xx era o que conduziria ao desequíbrio deste afinadíssimo e frágil sistema orgânico. O seu desequilíbrio implicaria sintomas de descontrolo e automatismo, o que caracterizaria o comportamento dos alienados (Harris, 1989, pp. 37-8).

Há vários modos de vermos o lugar que tudo isto ocupa nos escritos dos médicos portugueses da transição do século XIX aqui em estudo. Um dos modos será o de atentarmos à teoria dos «psiquismos» «inferior» e «superior» e à teoria das ações humanas que se lhe faz inscrever. Acerca dos psiquismos, Matos escreve:

> Toda a atividade nervosa é [...] uma forma de *excito-motricidade*, tendo por tipo o *reflexo*, na larga aceção deste termo. Assim, é reflexa ainda, e portanto, condicionada pela estrutura anatómica e pelo dinamismo do córtex a atividade psíquica, na qual todavia duas modalidades se podem distinguir: uma, *consciente*, de que fazem parte a atenção, a memória evocativa, as perceções, a relacionação das ideias em juízos e raciocínios, a imaginação criadora e a vontade; outra *subconsciente*, em que se integram as sensações, os hábitos e, de um modo geral, tudo o que é automático no funcionamento cortical. § Ao primeiro destes modos de ser se dá o nome de *mentalidade* ou de *psiquismo superior*; chama-se o segundo *psiquismo inferior* (1911, pp.89-90).

A *continuidade* entre estes dois níveis era postulada logo a seguir por Matos (*id.*, p. 90), sendo que atos «voluntários» se poderiam tornar «habituais» por repetição. Esta continuidade era enquadrada numa *hierarquização* funcional do sistema que se traduziria numa *teoria das ações humanas*:

> As ações são tanto menos perfeitas na sua execução quanto mais diferenciado é o segmento do sistema nervoso que lhes preside, de sorte que partindo do reflexo simpático para chegar ao cortical, com passagem pelo espinal, bulbar e dos gânglios da base, constatamos que a uma ordem decrescente de precisão executiva corresponde uma ordem de complexidade crescente, anatomofisiológica, dos distritos nervosos interessados. Ora, é precisamente esta complexidade progressiva, esta especialização crescente de órgãos e funções que constitui em biologia o critério da superioridade de uns e de outras. As últimas aquisições filo e ontogénicas são sempre as mais precárias; mas nem por isso deixam de ser as mais altas, as mais hierarquizadas, as que constituem

o privilégio de alguns, numa palavra, as *superiores*. E o critério é em psicologia o mesmo: a superioridade dos atos mede-se justamente pela sua diferenciação progressiva. Assim, fisiológica e psicologicamente falando são superiores os fenómenos que representam a última *étape* evolutiva, embora eles sejam, por isso mesmo, os mais precários, os mais instáveis e os menos precisos" (*id.*, pp. 91-2).

A cartografia do corpo não apenas servia para hierarquizar ao longo de um *eixo vertical* regiões anatomofisiológicas diferenciadas (ou «distritos nervosos», a usar expressão de Matos), como, na sua economia explicativa, para enquadrar tal hierarquização numa teoria sobre as ações e sobre o lugar que tais ações ocupavam no esquema evolutivo.[35]

§

A relevância que assume aqui uma reflexão sobre a natureza das ações humanas e o seu quadro patológico desdobrava-se, no plano laboratorial, por aproximações às «ações automáticas» na sua relação com o comportamento dos alienados. Em 1894, no detalhado relatório sobre o microcosmos que era o Rilhafoles de Miguel Bombarda, na secção «Trabalhos clínicos e de laboratório» (Bombarda, 1894, pp. 103-15), fazia-se incluir uma "[c]ontribuição para o estudo dos atos puramente automáticos dos alienados». São enumeradas e descritas rigorosamente um conjunto de observações clínicas que têm por vetor uma atenção superlativa às ações disruptivas e violentas de um conjunto de doentes. Destacaria uma delas, cuja rede

---

[35] Sobre isto ver também Ruth Harris (1989, p. 44), que, no mesmo lugar (*id.*, pp. 44-5), reflete sobre um outro eixo não menos importante: o eixo horizontal, isto é, a assimetria, entre os hemisférios direito e esquerdo do cérebro. Harris reitera a perspetiva de Harrington (1987), segundo a qual o hemisfério direito do cérebro estaria simbolicamente associado com a feminilidade, passividade e emoção, enquanto que o hemisfério esquerdo estaria associado à masculinidade, atividade e racionalidade. A histeria seria, por exemplo, associada a uma deficiência no hemisfério esquerdo. Ainda na linha destas autoras, acrescente-se também que o lobo occipital (ou região posterior) era associado com o funcionamento do hemisfério direito, tendendo-se a identificar as «raças negras inferiores» com esta região posterior e as «raças brancas superiores» com a região anterior. Como escreve Ruth Harris: «Era assim possível dividir e opor metades do sistema nervoso central humano ao longo de um conjunto de eixos: elevado / inferior, frente / atrás, esquerdo / direito» (*id.*, p. 45).

vocabular denuncia esta atenção. Capitulando-a de «demência primitiva», a observação clínica desenha-se em torno de um indivíduo masculino de 18 anos de idade em que estados de «estupor» alternariam com «raptos impulsivos e violentos»:

Na ocasião da entrada, em 24 de outubro de 1891, a forma clínica é a de um estupor demente [...] 30 de outubro. Houve hoje um ataque de violenta fúria; o doente agrediu os empregados e foi preciso pô-lo numa cadeira forte, onde manietado, peiado e com uma camisa de força, lhe é quase impossível fazer um movimento. Quando o vejo, a fisionomia é indiferente, o olhar vago. Não responde às perguntas que lhe dirijo. Bate com violência com os pés e mãos, tanto quanto lho permitem os laços que o prendem; é uma sucessão de movimentos bruscos, de contrações clónicas, repetindo-se sempre no mesmo sentido; dão ideia de um violento acesso de fúria, em que o caráter de voluntariedade não está ausente. Mando-lhe soltar os braços. Não tenta agredir; os que o rodeiam são como se não existissem. Os movimentos continuam como antes, apenas mais livres, fazendo-se do mesmo modo e com os mesmos intervalos de repouso. Belisco-lhe fortemente o pescoço; a atenção dirige-se momentaneamente para a excitação; percebe-se que sentiu alguma coisa, mas de bastante ligeiro para que não houvesse sofrimento. Tento estender-lhe o braço direito; consigo-o vencendo uma formidável resistência, uma contração forte, que todavia parece passar-se sem vestígio de esforço da parte do doente, que continua batendo com a outra mão e seguindo nos enérgicos e rápidos movimentos respiratórios de antes. Abro-lhe a mão fechada, depois de igual resistência; fica aberta e só lentamente volta ao estado anterior; antes porém o doente continua batendo com o antebraço e a mão sobre a cadeira [...] nos mesmos movimentos rápidos e violentos, mas a mão conserva-se aberta, o bordo cubital dirigido para baixo, o dedo polegar numa extensão completa. § 4 de janeiro de 93. O mesmo estado cerebral e muscular. Uma ou outra vez acodem os raptos de fúria a que acima me refiro. § A acrescentar hábitos de masturbação arreigados a ponto que o doente quase não largava o pénis durante o dia inteiro.

A aplicação do colete durante alguns dias fez desaparecer esses hábitos e basta ameaçá-lo com ele para que abortem as novas empresas nesse sentido. Mostra isto que o estado demencial não é hoje tão completo como no princípio (*id.*, p. 107).

Após a milimétrica descrição clínica, Bombarda discute o caso:

> Esta observação é verdadeiramente notável. Vê-se um homem que num estado de estupor pratica as ações mais violentas, precipita-se numa *intenção* agressiva sobre as pessoas que o avizinham, agita-se violentamente na cadeira em que o têm preso, pratica uma série de atos de caráter absolutamente voluntário, intencional, parecendo traduzir a mais violenta cólera contra os que dele se aproximam; e todavia reconhece-se que os atos praticados são inteiramente automáticos, inteiramente independentes de qualquer excitação psico-sensorial, de qualquer ideia delirante [...] Em conclusão, o pormenor de observação, que é o objeto principal desta nota, demonstra que as regiões psico-motoras podem ser diretamente excitadas de modo a produzir, não movimentos bruscos, desordenados, como os de uma epilepsia, mas movimentos com todo caráter de voluntários e intencionais. Quer dizer, o automatismo das regiões psico-motoras pode manifestar-se, não só pela *mise en action* dos centros nela contidos e anatomicamente dispostos no mesmo grupo, na mesma massa, mas ainda pelo funcionamento simultâneo de centros dispersos anatomicamente, mas intimamente ligados entre si pelas comunicações que a repetição fisiológica dos mesmos atos tem de longa data estabelecido (*id.*, p. 108).

Tal como em Matos, o que de uma forma ou de outra nós podemos ver aqui é a *continuidade entre ações involuntárias e ações voluntárias*. Tudo isto ganha um novo fôlego quando contextualizamos esta discussão numa outra que viria a traduzir-se numa polémica apaixonada sobre o lugar das ações humanas na natureza. Em *A consciência e o livre arbítrio* (1898, 1900), trabalho que esteve no centro de uma fascinante polémica filosófica e teológica que viria a opor Miguel Bombarda ao padre jesuíta Manuel Fernandes Santana[36], Bombarda concebe a consciência como o resultado de condições orgânicas muito precisas que o processo evolutivo de «adaptação» e «seleção» desencadeara (1898, pp. 38-9). Alicerçando a sua argumentação numa conceção monista da natureza – o livro é sugestivamente dedicado a Ernst Haeckel, «o patriarca do monismo» (Bombarda, id., p.v) – Bombarda defende o caráter epifenomenal da consciência, fazendo convocar uma leitura fortemente determinista das ações humanas. Neste estudo, ele retomava a tendência intelectual dos investigadores da mente oitocentistas em aproximar a psicologia da neuro-anatomia e neurofisiologia (tornando-a uma província da biologia evolutiva), e, de modo mais específico, fazia derivar, através da teoria da ação reflexa, uma continuidade fundamental entre ações «automáticas» e ações «intelectuais» (supostamente livres), o que não andaria longe de figuras particularmente influentes no seu tempo como Théodule Ribot[37] que, como nos mostra Ruth Harris (1989, p. 39), pretendeu estabelecer as origens evolutivas de categorias que a tradição de análise psicológica consagrara, como «memória», «vontade», «emoção». Para Ribot, que haveria de se preocupar sobremaneira com a natureza das ações reflexas enquanto elementos de base da sua análise neurofisiológica, estas categorias seriam meras abstrações, ou, de outro modo, um aspeto estritamente subjetivo de reações neurofisiológicas coordenadas (id., p.40). No mesmo sentido, Bombarda escreve sobre o contínuo fundamental entre «reflexas simples» e os «produtos da inteligência de um Newton»:

> Tudo isso, fisiologicamente, é o mesmo; para todos esses atos há uma unidade – é o encadeamento reflexo; tudo o mais [...] é pura complicação que torna os fenómenos de maior ou menor complexidade. §

---

[36] *A consciência e o livre arbítrio* irá produzir uma veemente resposta de Santana (1899). Bombarda responderá a este jesuíta em *A ciência e o jesuitismo: réplica a um padre sábio* (1900). Acompanhar esta polémica é em si mesmo um fascinante objeto de estudo que sai fora dos limites da presente investigação, pelo que remeteria o leitor interessado para o trabalho de Sílvia Regina de Pinho Martins (1995).

[37] Ribot nasce em 1839 e vem a falecer em 1916. É pois um contemporâneo de Bombarda. O alienista português não deixará de o citar muito laudatoriamente em *A consciência e o livre arbítrio* (e.g., 1898, pp. 68-9).

Assim pois, dizer atos reflexos, automáticos e intelectuais não é outra coisa mais que levantar balizas indispensáveis perante a necessidade em que o homem está de pensar claramente e de claramente transmitir o seu pensamento. Dizer inteligência, automatismo, reflexas não é fazer referência a coisas fundamentalmente separadas; é agrupar em torno de cada baliza factos que são bem caraterizados para que cada grupo se destaque dos grupos vizinhos, mas que podem perder desses carateres a ponto de tenderem a confundir-se com os desses outros grupos (Bombarda, 1898, p. 160).

Neste quadro, o «livre-arbítrio» essa «ilusão» maior do homem - e ilusão trágica, parece dizer-nos Bombarda (*e.g.*, *id.*, pp. 234-5) -, seria integralmente sobreponível a esta cartografia neurofisiológica que Bombarda vai desmontando ao longo do seu livro. Escreve ele, fazendo integrar na sua argumentação uma forma de associacionismo naturalizado que, como demonstra Young (1990, p. 6), era um dos traços da ciência da mente oitocentista:

O ato intelectual é pois como um ato reflexo – a simples passagem de uma modificação local (impressão externa) por células nervosas e movimento consecutivo. Apenas no ato intelectual há a mais a incomensurável complicação das vias condutoras e a produção nos centros de modificações particulares, talvez só pela sua energia, que dão lugar ao fenómeno da consciência. A fatalidade da sucessão dos fenómenos é a mesma – impressão, sensação, associação de representações, movimento. § A ilusão da vontade [...] vem não só das condições que foram apontadas, mas ainda de outra em que me parece não se ter insistido o bastante – e é que na associação das representações há uma ou outra ou muitas que não vibram com energia bastante para se tornarem conscientes ou são tão habituais ou tão indiferentes no ponto de vista do tom afetivo que não chegam ao conhecimento – do mesmo modo que uma multidão de impressões externas passam desapercebidas, por indiferentes – pouco intensas -, do mesmo modo que uma multidão de impressões viscerais não são conhecidas, por habituais. Ora essas constelações associativas que passam inconscientes são uma realidade; pesquisando a sucessão das ideias, quando o salto que elas fazem nos surpreende, e logo depois do salto, vamos encontrá-las; pelo contrário, não as descobrimos se deixamos passar tempo. Essa pesquisa não se faz ordinariamente e daí vem o pensarmos que voluntariamente fizemos nascer esta ou aquela ideia, que voluntariamente efetuámos este ou aquele movimento. § Tal é a ilusão do livre arbítrio, a mais espantosa de todas as ilusões que resultam da própria atividade psíquica (*id.*, pp. 309-10).

Tal como em Matos, assiste-se aqui a uma radical inscrição das ações numa *anatomia e numa fisiologia hierarquizada da ação,* que se suportava de forma muito vincada numa matriz neurofisiológica.[38] As ações humanas existiam na natureza. O livre-arbítrio seria assim uma ilusão fruto da complexidade (mas complexidade determinada e determinística) em que se traduziam os processos naturais em que se desdobrariam tais ações. Uma rigorosa causalidade explicaria a participação do homem no mundo. O exame da *intenção* deveria repousar assim em pressupostos estritamente fisicalistas e monistas.

§

A hierarquização de regiões anatomo-fisiológicas diferenciadas que encontramos na articulação entre psiquismos inferiores e superiores, articulava-se igualmente com uma teoria das emoções que detinha uma configuração nosológica cuja interpretação forense a torna particularmente sugestiva para este estudo. Refiro-me à «loucura moral» ou «loucura lúcida».

O que o percurso desta nosologia consagra é, em termos muito precisos, uma reelaboração concetual em profundidade da insanidade mental. De algum modo, o que a emergência e a afirmação dos saberes

---

[38] Bombarda, insistindo numa articulação naturalista da psicologia, dá-lhe tonalidades fortemente experimentais que nem sempre colho em Matos. O seu fascínio pela neurofisiologia era incontestável. Recorde-se também o seu interesse pelos trabalhos de histologia nervosa de Ramon Y Cajal (Fernandes, 1952b, p. 171; ver também, *e.g.*, Bombarda, 1898, p. 109 e p. 130) que demonstrará a unidade anatómica das células nervosas (ver, a este propósito, Changeux, s/d [1983], p. 41).

psiquiátricos arrasta consigo são também modos de entender as patologias mentais já não tanto, como seria caro aos lockianos, como processos de *desordem estritamente intelectual* – em que os loucos eram simplesmente *«faulty reasoners»* (Eigen, 1995, p. 62) -, mas antes como processos muito mais complexos e heterogéneos em que se destacavam afeções mais ou menos severas da emoção. Neste sentido, e como não deixa de salientar Joel Peter Eigen (*id.*, p. 76), a «intenção – isto é, a escolha – não poderia ser inferida apenas através da cognição». A intenção (a escolha, e, sobretudo, a escolha refletida), elemento decisivo em qualquer teoria sobre a responsabilidade, dependeria assim de uma adequada explicação do papel das emoções na racionalidade humana.

O que, desde o seu dealbar a psiquiatria moderna convoca é, precisamente, a ideia de que não há razão sem emoção.[39] Toda a economia da razão fazia supor uma economia da emoção. De uma emoção que, sem controlo, poderia comprometer seriamente o delicado tecido social burguês e liberal (uma emoção, porém, essencial à definição do humano e do racional). A ansiedade vitoriana em relação a uma *vontade sem freio*, a uma *visceralidade sem controlo* (um controlo que se faria inscrever no corpo através de mecanismos anatomofisiológicos delicadíssimos) de que nos fala Joel Peter Eigen (*id.*, p. 79), não era apenas vitoriana. Ela era endémica nas sociedades europeias da transição do século, entre as quais se encontrava a sociedade portuguesa. Em que consistia pois esta nosologia? Júlio de Matos descreve-a nos seguintes termos:

> O exame psicológico e a observação clínica conspiram-se para demonstrar a indestrutível solidariedade das faculdades de sentir e de querer. Contrariamente ao que afirmava uma filosofia *a priori*, o ato deriva, não do entendimento, mas da emoção. A ação que se pratica é sempre o efeito de uma emoção que se sente, - se não é mesmo, e mais rigorosamente, um simples aspeto objetivo do estado sentimental, chegado a um certo grau de intensidade; a inteligência intervém apenas como

---

[39] Não se trata pois de uma assunção recente, como António R. Damásio (1994) parece pretender, mas antes de um eixo em torno do qual se podia pensar a patologia mental, e em torno do qual ela passaria a ser articulada a partir de meados do século XIX.

um centro moderador do *reflexo moral*, de que é primeiro elemento a emoção, e último termo o ato. A clínica dos alienados confirma esta doutrina da psicologia positiva: nunca um ato irregular aparece no decurso da loucura sem uma desordem correspondente da emotividade. Em resumo: os delírios *emocional* e *moral*, para nos servirmos aqui de uma expressão familiar à psiquiatria inglesa, não podem subsistir isolados; pelo contrário, são fases de uma mesma forma de alienação. Essa forma é a loucura lúcida, também chamada *loucura moral* (1884, p. 286).

E adiante acrescentará fazendo-se suportar no alienista inglês Henry Maudsley:

> Se não existe delírio, se não existe insuficiência de entendimento, antes muitas vezes suratividade [*sic*] desta função, existe todavia, uma *alteração* consistindo, segundo Maudsley, em que *todos os raciocínios que se referem ao eu recebem a influência mórbida do sentimento pessoal pervertido*. O alienado lúcido *não compreende* a sua situação moral no conflito dos interesses sociais; *não compreende* que é parte de um todo que se rege por leis (*id.*, p. 200).

Em 1911, numa entrada sobre «loucura moral» (pp.530-9), escrevia ainda Matos no seu *Elementos de psiquiatria*:

> É uma situação degenerativa caraterizada pela ausência ou perversão dos sentimentos de piedade e de probidade, que na sua forma elementar constituem o mínimo de senso moral indispensável à vida coletiva. § Segundo as raças e os tempos, cada civilização atinge um certo grau do que se chama *senso moral*, que não é senão o conjunto das emoções altruistas dos homens que a formam. Nas sociedades modernas o mínimo desse património afetivo, representa-o para cada indivíduo a repugnância pelos atentados contra as pessoas e contra a propriedade [...] § Ora esse mínimo pode deixar de ser atingido por *agenesia* ou suspensão evolutiva do cérebro, tratando-se então menos de uma *doença*, no sentido restrito do termo, que de uma *anomalia antropológica* (*id.*, p. 531).

O que esta desordem evidenciava, segundo os alienistas (desde James Cowles Prichard, o médico inglês que a terá delineado na sua aceção oitocentista de *moral insanity*), era que uma alteração puramente cognitiva das faculdades poderia não estar presente em certas formas de loucura, e que a fronteira entre a *insanidade* e a *excentricidade* ou entre a *insanidade* e a *imoralidade* poderia ser obliterada (Smith, 1981, p. 38).

As implicações forenses deste tipo de argumentação eram indubitáveis. E em Portugal elas não deixaram de se fazer sentir. E isto muito mais sob o ponto de vista teórico que prático. Dado o caráter espetacular de muitas das produções teóricas sobre a nosologia em causa, dir-se-ia estarmos perante algo que teria uma incidência no número de indivíduos diagnosticados e, eventualmente, entregues às autoridades clínicas e administrativas. Tal não se verifica até onde me foi possível compulsar a informação disponível. Por exemplo, no relatório sobre o funcionamento do hospital de Rilhafoles entre os anos de 1892 e 1893, Bombarda nos seus quadros de estatística nosográfica, etiológica e de curabilidade (1894, pp. 81-102), mostra-nos a fraca incidência que a nosologia tinha entre a população que se encontrava ali hospitalizada até àquele período. Assim, em 1 de julho de 1892 existia em Rilhafoles apenas 1 indivíduo feminino diagnosticado. Nesse mesmo mês de julho, ingressou no hospital 1 indivíduo do sexo masculino, e em fevereiro de 1893 um outro também masculino. Portanto, até junho de 1893 (data limite de incidências), encontravam-se, entre «existentes» e «admitidos», hospitalizados três indivíduos classificados como loucos morais (isto para uma população que se cifraria em 536 indivíduos (*id.*, p. 78, pp. 88-9). Por sua vez, no seu estudo *A loucura*, Júlio de Matos (1913 [1889] 400-1)[40], reportando-se a dados colhidos no Instituto de Medicina Legal do Porto, e relativos a um período de 11 anos (entre setembro de 1901 e setembro de 1912), num universo de 114 casos positivos (em que se excluem 3 casos de simulação e 22 em que a loucura não terá sido reconhecida pelos peritos forenses), a loucura moral encontra-se classificada apenas em 3 casos (um caso de

---

[40] A primeira edição de 1889 viria a ser objeto de uma tradução italiana por Lombroso sob o título *La pazzia*. Ver, a este propósito, a nota autobiográfica de Matos incluída em Fernandes (1957, p. 7).

«homicídio», outro de «violação» e um terceiro indefinido). Tal rarefação[41] prática e de extremo interesse teórico, pode revelar a inquietude que as fronteiras entre a loucura e a imoralidade (entre *mad* e *bad*), sempre móveis, sempre fluidas, suscitavam a estes homens (e concomitantemente à burguesia letrada do país de que eram representantes destacados).

A inquietude (e a concomitante resposta cultural) perante as fronteiras entre a loucura e imoralidade é muito manifesta. Por exemplo, o fascínio de Matos pela loucura moral é notório em vários estudos de caso que publicou e que vieram a fazer jurisprudência. No seu estudo *A loucura: estudos clínicos e médico-legais,* Matos dedica aí um conjunto de páginas às «fugas patológicas» (1913, pp. 265-365).[42] Refletindo sobre as «fugas dos degenerados morais», diz-nos que: «Todos os degenerados podem executar fugas da natureza das descritas; são, porém, os amorais aqueles que mais vezes as levam a efeito, o que facilmente se compreende, pensando que neles falta a ação inibitória que o senso ético normalmente exerce sobre os desejos, apetites e tendências humanas» (*id.*, p. 364). Em seguida, Matos apresenta-nos um estudo de caso forense sobre um destes «degenerados»:

> *Obs. xvii. – Loucura moral – Furtos domésticos – Falsificação de assinatura – Tentativa de agressão à mão armada – Prisões correcionais – Desterro imposto pelo pai – Precoce vida dissoluta – Várias fugas.* § António B., solteiro, de 18 anos de idade, entra no Manicómio Bombarda a 21 de Maio de 1913. É um degenerado amoral, irrequieto, com precoces tendências orgíacas, para satisfação das quais não hesitou mais de uma vez subtrair dinheiro ao pai, em falsificar-lhe a assinatura e em furtar objetos de valor a um parente, que lhe deu hospedagem. De tendências agressivas, cresceu um dia, de navalha de barba em punho, para um negro com quem teve uma disputa no colégio. § António recebeu alguma educação literária, tendo frequentado colégios e um liceu até ao fim do

---

[41] Estamos aqui perante representações sem referentes muito precisos cuja tecitura revela questões culturais e políticas mais amplas às quais devemos estar atentos.

[42] Sobre as fugas patológicas no seu contexto, ver Ian Hacking (1999).

2.º ano. Era, porém, um indisciplinado, de sorte que o pai, vendedor de mobílias, fê-lo suspender os estudos, chamando-o ao estabelecimento por volta dos 14 anos. Mas não fez carreira, porque logo começou a relacionar-se com marafonas e a gastar com elas dinheiro que furtava ao pai. Este, no intuito de o corrigir, fê-lo entrar na colónia penal de Vila Fernando, onde esteve algum tempo, mas de onde se evadiu. Então o pai fê-lo seguir para a África; mas também se não demorou lá, pretextando doenças para voltar para casa. Uma vez em companhia da família, retomou a vida orgíaca, roubando o pai, não só para alimentar os seus vícios, mas para viajar. Conta na admissão que percorreu uma grande parte do país, ora em caminho de ferro, ora a pé, se o dinheiro lhe faltava. Quando ouvia falar numa terra e descrever as suas belezas, sentia logo um vivo desejo de a visitar; isto explica as suas vagabundagens e as suas clandestinas visitas às gavetas do pai. Apesar de se ter evadido de África, onde o pai o colocara e onde esteve apenas um mês, voltou para lá espontaneamente. Mas desta segunda vez ainda se demorou menos, porque só lá esteve 15 dias, regressando no mesmo vapor que o levara. Em casa não esteve mais de 18 dias, sendo de novo internado em Vila Fernando. Mas não se conservou na colónia penal mais do que 3 meses, abalando de lá para Lisboa, onde se empregou numa garagem. Mas só esteve 8 dias nesta situação, porque, reincidindo nas estúrdias e crimes, a família o conduziu ao Manicómio" (*id.*, pp. 364-5).

Em jeito de conclusão, Matos escreve ainda:

Falsário e ladrão recidivista aos 18 anos, este degenerado amoral fez desde os 14 um considerável número de fugas, umas determinadas pelo desejo de evitar penas, outras por mero atrativo de locais, muitas, enfim, por tendências orgíacas e sexuais, que nele despontaram precocemente, como é vulgar nos degenerados. § Mas todas estas fugas diversamente motivadas revelam e denunciam instabilidade mental (*id.*, p. 365).

Para lá deste cruzamento classificatório entre «fugas», «loucura moral», «degeneração» (sendo este último, vastamente compreensivo, como assinalarei adiante), o que este estudo de caso revela é uma linguagem de fronteira que tende a interconectar fluida e imprecisamente as ordens da virtude e as ordens do patológico, e o extremo desassossego cultural que esta nosologia traduzia, revelando a criatividade que o desenho de tais fronteiras detinha no contexto da sociedade portuguesa da transição do século XIX. Para Matos o crime era, significativamente, uma patologia que se centraria tenazmente numa difusa (mas constitucional) natureza antropológica *outra*. Matos reconstitui, por exemplo, a personalidade do famoso homicida envenenador Urbino de Freitas[43], à luz da loucura moral, denunciando a sua extrema proximidade com o tipo de razão técnica evidenciada pela antropologia criminal na sua intensa procura dos carateres somáticos da criminalidade:

> O envenenador Urbino de Freitas, professor de medicina, nunca inspirou aos alunos senão um confuso sentimento de repulsão. O olhar, umas vezes truculento e vítreo, outras inquieto e desconfiado; a ausência de euritmia das linhas faciais; a substituição do riso franco por um rito cruel ou cínico, tudo isto concorre a provocar emoções de antipatia e às vezes de medo (1911, p. 534).

Uma alteridade que era necessário identificar, sequestrar e, eventualmente, eliminar, impondo-se pois uma revisão profunda dos sistemas penais coevos (que padeceriam de sérios anacronismos face aos novos dados sobre a criminalidade na sua associação com a loucura fornecidos pela psiquiatria forense e disciplinas afins como a antropologia criminal).[44]

---

[43] Urbino de Freitas, professor da Escola Médico-Cirúrgica do Porto, foi acusado em 1892 de ter envenenado os seus sobrinhos de forma a apoderar-se da herança dos sogros. O processo viria a provocar uma acesa celeuma entre os diversos peritos que se debruçaram sobre as questões toxicológicas e cadavéricas, e viria a ter um enorme impacto público. Para um levantamento de fontes acerca deste importante caso da medicina legal portuguesa de oitocentos, ver Curto (1995, p. 190n27).

[44] Sobre a antropologia criminal, ver, para lá do estudo pioneiro de Diogo Ramada Curto atrás citado, e numa perspetiva contextual, os trabalhos de Barrows (1990 [1981]), Gould (1981), Nye (1984) e Renneville (1995).

A loucura moral reflete essa espécie de fascínio (mas também repúdio) pelas emoções disruptivas que os alienistas partilhavam. Pressente-se sempre nos seus textos uma inquestionável *perturbação* por uma natureza humana comum, que parece compreender num só esquema interpretativo o normal e o patológico, o intencional e o não intencional, o ordenado e o desordenado. Esse movimento pendular entre o normal e o patológico é uma constante. Mas fosse como fosse, quanto mais reiterada é a proximidade, mais necessária parece a afirmação da distância.

Por outro lado, e voltando a enfatizar o argumento que tenho vindo a traçar, dir-se-ia que uma neurofisiologia evolutiva da ação, apoiada numa visão hierarquizadora e continuista dos centros nervosos, se articula com uma determinada leitura sobre o lugar das emoções na racionalidade humana, em que as funções superiores do cérebro poderiam ser comprometidas pelas inferiores. A alienação repousaria numa economia da emoção. Não apenas o excesso, a paixão sem freio, era objeto de uma psiquiatrização manifesta. As patologias mentais eram concetualizadas como «doenças da vontade», isto é, como fenómenos em que ganhava expressão um desequilíbrio entre «impulso» e «inibição». Comentando Ribot e Régis, Matos (1902) escreve sobre este ponto:

> Como [...] observa Th. Ribot, sob a designação de *vontade*, estão compreendidos dois factos psicológicos diversos, uma força *motora* e uma força *inibitória*, porque tão *voluntário* é um *ato* determinado como a determinada *supressão de um ato*: no primeiro caso, como no segundo, há um *esforço consciente*. Mas, por outro lado, evolutivamente considerada, a vontade não é senão um *reflexo* complicado e superior, supondo centros nervosos muito diferenciados, supondo interferências, supondo a consciência, mas calcado sobre o esquema do reflexo elementar e simples, em que uma excitação sensitiva ou centrípeta se transforma num movimento. De sorte que nós podemos, como observa E. Régis, considerar a vontade uma função cerebral em que três elementos figuram: um elemento sensitivo ou centrípeto, a excitação, e um duplo elemento reacional, função inibitória e função motora. § Ora, sendo assim, o equilíbrio destes elementos, em que reside o estado normal,

pode romper-se, gerando-se doenças da vontade, por dois processos: pela perturbação do elemento excitador e pela do duplo elemento reacional, inibitório e motor. E cada um destes processos dá origem a duas hipóteses constantes: o *impulso* (ato irresistível) e a *abulia* (supressão do ato) (*id.*, pp. 148-9).

Estas doenças da vontade expressariam, justamente, uma economia da emoção que se situaria entre dois pólos: o excesso e a ausência. Ou seja, uma *teoria das ações*, neurofisiologicamente suportada, encontrava-se associada a uma *teoria das emoções*. O que a loucura moral *explicitamente* convoca é a centralidade que as emoções ocupavam, para estes homens, na definição da *racionalidade* humana, e concomitantemente, da *irracionalidade* humana e, em última análise, da alienação mental.

O caso em apreciação, a loucura moral, demonstra-nos que a ausência de uma emoção moldada por um longo, mas frágil, trabalho civilizacional, poderia corresponder a uma regressão a estados antecedentes no esquema evolutivo, isto é, revelaria anomalias antropológicas ou teratológicas que indiciavam a presença no mundo das virtudes modernas de vícios ancestrais para os quais qualquer intervenção terapêutica seria desnecessária. Só uma intervenção preventiva (eugénica, por exemplo) poderia pôr cobro à disseminação desta alteridade informe e perigosa.

Eis pois o bestiário da degeneração que viria a afirmar-se como um dos mapas cognitivos privilegiados pelos alienistas da transição do século XIX.

Um dos territórios insofismavelmente mais decisivos para o que se impõe estudar aqui, prende-se com um tipo de descrição médica da alienação mental, e com ela da criminalidade enquanto sintoma de alienação mental, que revelava um grau de englobamento extremo. Estamos perante um quadro explicativo das ações humanas fortemente naturalizado, cujo esforço naturalizador tinha por eixo uma explicação hereditária. É fácil perceber o seu alcance geral através de algumas citações de psiquiatras da época. Difícil será compreender cabalmente os seus contornos, a sua densidade explicativa, e, sobretudo, o fenómeno de linguagem em que assentou dada a sua enorme expressão na cultura do período. Difícil será ainda retirar todas as implicações do seu desaparecimento para uma sociologia histórica do conhecimento científico. Aquilo que se me impõe aqui detém um alcance mais pedestre. Estou tão-só interessado em equacionar o meu argumento à luz da primeira das modalidades de investigação atrás enunciadas, a saber, compreender e dar a compreender o alcance geral da degeneração entre os alienistas do período.

Podemos delinear este espaço através de uma citação de Miguel Bombarda e do seu *A consciência e o livre arbítrio*:

> A herança dos dotes fisiológicos, a herança das múltiplas formas
> nevropáticas, a transmissão de formas psiquiátricas alternando entre si
> ou com as primeiras, as relações íntimas da loucura e da criminalidade

no ponto de vista da hereditariedade, tudo isto constitui enorme feixe de factos comprovados, sobre os quais a ciência não tem qualquer dúvida e cuja simples exposição tem enchido volumes. A passagem de pais a filhos de estados cerebrais patológicos erige-se hoje à altura de um corpo de doutrina científica. As degenerescências, progressivas ou regressivas, abrangem múltiplos estados de anomalia cerebral, desde as formas geniais, passando pelas nevroses, pela loucura, e pelo crime, até ao idiotismo. E o que é mais, é que essas ligações não se reconhecem só *après coup*, depois das manifestações, depois dos atos, mas ainda se descobrem no indivíduo, até no momento do nascimento, pelas anomalias de forma que constituem o que se chamam estigmas físicos de degenerescência [...] [N]o seguimento evolutivo apresentam-se alterações de órgãos e de tecidos, paragens de desenvolvimento e vícios de conformação, alterações que no fundo são verdadeiras monstruosidades. E assim como há desvios teratológicos na pele, no esqueleto ósseo, nas cartilagens, etc. – os estigmas –, assim também os há no órgão cerebral – e daí uma psicologia anormal – loucura, criminalidade, histeria, epilepsia, etc., etc., etc. (1898, pp. 64-6).

«Etc., etc., etc.» O que estas prolongadas reticências explicitam é o enorme alcance de uma teoria que haveria de cruzar vários nichos disciplinares durante a segunda metade do século xix, e cujo projeto científico só viria a soçobrar gradualmente nas primeiras décadas do século xx sob influência de outros quadros teóricos (a psicanálise, por exemplo) e de circunstâncias sociais e políticas que merecem ainda reflexão aturada, pesem embora os inestimáveis contributos de investigadores em que avulta, claramente, Daniel Pick (1996 [1989]).[45]

A degeneração era, pois, um modelo compreensivo da psicologia anormal que, remontando ao célebre livro de Bénédict Augustin Morel, *Traité des dégénérescences physiques, intellectuelles et morales de l'espèce*

---

[45] Refira-se ainda o trabalho de Neve (1997a). Para uma leitura mais ampla das questões aqui identificadas, ver, *e.g.*, os já citados textos de Barrows (1990), Gould (1981) e Nye (1984). Refira-se ainda, nas suas implicações racialistas, a análise que Blanckaert (1992) faz da «etnografia da decadência».

humaine (1857), radicaria numa inflexão fortemente hereditária de cunho regressivo (*e.g.*, Harris, 1989, pp. 51-79, e Pick, 1989, pp. 44-59).[46] Um modelo que assentaria no inquestionável facto para a psiquiatria da época de que o fundo mórbido se acumularia de geração em geração e que, quando menos se esperasse, irromperia, pondo à prova o tecido social e político vigente.[47]

Há vários modos de compreendermos o significado psiquiátrico e forense disto à luz dos trabalhos dos alienistas portugueses contemplados no presente estudo.

Em 1884, no seu pioneiro *Manual das doenças mentais*, Júlio de Matos discute entre as «causas predisponentes» da loucura, um fator etiológico de suprema importância, a «hereditariedade». Matos manifesta aí uma inquietação extrema em relação ao alcance que as heranças mórbidas poderiam ter nas populações. Heranças essas difíceis de identificar, quando não sistemática e laboriosamente ocultadas do olhar dos alienistas pelas famílias cujas declarações eram essenciais ao estabelecimento da biografia clínica de um indivíduo (*id.*, p. 14). O alcance da explicação degeneracionista era enfatizado nos seguintes termos:

> Noutro tempo, os médicos só consideravam hereditário um caso de loucura, quando nos ascendentes do alienado houvesse existido análoga doença; hoje a esfera da ação hereditária tende a dilatar-se, colocando-se sob ela todos os casos de alienação realizados nos descendentes dos nevropatas, dos alcoólicos e dos afetados de doenças diatésicas. Segundo este modo de ver, o alienado representa, não a repetição necessária da loucura ancestral, mas o último termo de

---

[46] Acrescente-se, ainda que com menos ênfase, o predicado «progressivo». Uma das modalidades da degeneração era a dos homens de «génio». O génio era contíguo à loucura e à degeneração para muitos dos alienistas da transição do século XIX. Lombroso e Matos reclamavam-no (*e.g.*, Matos 1911, p. 29).

[47] Há aqui uma espécie de compromisso entre uma linguagem evolutiva e uma linguagem mítica eivada de contornos bíblicos em torno da Queda (ver, a este propósito, Gould, 1981, p. 39). As tonalidades bíblicas do pensamento de Morel são, aliás, salientadas por investigadores como Harris (1989, p. 54).

uma longa série de íntimas degenerações físicas e psicológicas (*id.*, pp. 14-5).

Os «degenerados» revelavam o seu fundo mórbido através de um conjunto de caraterísticas somáticas e psicológicas que se impunha identificar entre os indivíduos de uma população, sendo que na eficácia desse processo de identificação situar-se-ia também o alcance *preventivo* dos fazedores da Cosmopólis. Matos enumera tais índices somáticos e psicológicos, ou estigmas no seu *Manual*:

Os predispostos por herança à alienação mental distinguem-se aos olhos do observador experimentado por carateres orgânicos e psíquicos bem apreciáveis. § De ordinário são mal conformados. Os diâmetros crânianos são algumas vezes inferiores à média; outras vezes existe desproporção entre o crânio e a face. A assimetria desta região, a implantação viciosa dos dentes, a conformação irregular das orelhas e as anomalias dos órgãos genitais [...] são fenómenos muito comuns. O estrabismo e os tics nervosos [...] aparecem algumas vezes [...] A evolução infantil destes seres é ordinariamente anormal: são tardios na fala, na marcha e muitas vezes na dentição. § Sob o ponto de vista psíquico, os candidatos à loucura, oferecem também carateres nitidamente patológicos. São excêntricos, utopistas, exaltados, vaidosos, e sobretudo [...] revoltantemente egoístas. Apreciam de um modo insuficiente a noção de justiça, lançam a perturbação onde quer que vivam, são coléricos, não têm preserverança ou são teimosos e sentem impulsões irresistíveis que os conduzem aos abusos alcoólicos e à devassidão mais abjeta. Às vezes destacam-se da craveira comum das inteligências, excedendo-a muito; entretanto as suas aptidões são sempre exclusivas e restritas. Uns são bons poetas, outros bons músicos ou bons pintores; mas nenhum possui a maleabilidade de espírito que uma educação enciclopédica reclama e exige (*id.*, pp. 15-6).

A predisposição hereditária afigurava-se um dos elementos-chave para compreender a endémica insanidade mental (cujos alcance e contornos para o caso português começara somente a ser sondada naquela década de oitenta do século XIX)[48]. A família era, neste sentido, a unidade básica de observação e análise das eventuais patologias e do seu percurso na comunidade. Matos reflete sobre estas abundantemente, escrevendo a dado momento:

> Na espécie humana, como em todas, o produto da fecundação reproduzirá, pela lei da herança, os carateres típicos dos progenitores. Se estes são perfeitos, o produto deve sê-lo também; mas se são representantes de uma raça em decadência ou de uma família em que existe a mancha hereditária, compreende-se que a consanguinidade de uniões não fará senão acentuar no produto fecundado os carateres funestos da ascendência (*id.*, p. 17).

O que este alienista revela na sua leitura acentuadamente degeneracionista da insanidade mental é a manifesta articulação entre sexo e sangue que tal matriz explicativa parece justificar.[49]

Se quisermos, sexo e sangue são os dois pólos do sistema degeneracionista. A regulação do sexo através de um «dispositivo de sexualidade», como refere Foucault (1994b, pp. 79-133), articular-se-á insistentemente com uma preocupação veemente com o sangue. Se, como escreve ele num jogo de palavras que recusa o seu caráter de simples jogo (*id.*, p. 127), o «"sangue" da burguesia foi o seu sexo», simetricamente, o sexo da burguesia foi também o seu sangue. Só assim podemos compreender

---

[48] Recorde-se que a primeira avaliação sistemática e estatística da incidência das patologias mentais e correspondente resposta institucional havia sido publicada por António Maria de Sena nesse mesmo ano de 1884 sob a forma de *Os alienados em Portugal I, história e estatística*. Em 1885 António Maria de Sena haveria de publicar o segundo volume deste importante e pioneiro trabalho, desta vez centrando-se numa avaliação histórica das condições institucionais e terapêuticas do Hospital do Conde de Ferreira de que era diretor (Sena, 1885).

[49] Isto vem matizar o modo como Michel Foucault na sua analítica do poder moderno faz substituir a lei pela disciplina, e, correspondentemente, as correlatas, sangue e sexo. Escreve ele de forma tão brilhante quanto redutora: «Foram os novos procedimentos de poder elaborados durante a idade clássica e postos em ação no século XIX que fizeram passar as nossas sociedades de uma simbólica do sangue para uma analítica da sexualidade. Vê-se que, se há qualquer coisa que está do lado da lei, da morte, da transgressão, do simbólico e da soberania, é o sangue; a sexualidade, essa, está do lado da norma, do saber, da vida, do sentido, das disciplinas e das regulações» (1994b, p. 150).

cabalmente a notável observação de que a «família é o cambista da sexualidade e da aliança: ela transporta a lei e a dimensão do jurídico para o dispositivo da sexualidade; e transporta a economia do prazer e a intensidade das sensações para o regime da aliança» (*id.*, p. 111).

O caráter global ou meta-teórico do modelo degeneracionista pode ainda ser acedido à luz da sua extrema fluidez classificatória (abrangendo algumas das classificações mais expressivas das árvores nosológicas em uso), e também à luz da recursividade que o esquema denotava entre as categorias do normal e do patológico. Começaria por este último aspeto. Bombarda ainda no seu *A consciência e o livre arbítrio* diz-nos:

> As degenerescências são nítidas na sua tradução, porque os factos que abrangem são factos de carateres brutalmente grosseiros, de uma nitidez de lineamentos que não permite dúvidas ou hesitações. Mas na verdade não são outra coisa senão a amplificação, por vezes caricatural, de coisas normais, porque, fundamentalmente, não há nos fenómenos patológicos nada que não exista nos fenómenos fisiológicos. A energia de manifestação, o modo de combinação, etc., podem ser diferentes, mas a natureza e os carateres essenciais de uns e de outros são exatamente os mesmos. § Quer dizer, da observação antropológica e psiquiátrica nós podemos fazer as mais legítimas deduções para a psicologia normal e enunciar que o modo de ser da mentalidade depende, por uma parte, da organização cerebral herdada (1898, pp. 68-9).

Porém, esta meta-teoria sobre o patológico (pautada pela constante comunicação intersticial com o normal), detinha um perfil bem mais complexo do que se nos afigura através da ênfase estritamente hereditária.

Seria importante perguntarmo-nos sobre o entendimento que aí auferia a noção de hereditariedade invocada. O que é interessante verificar é estarmos perante uma noção de hereditariedade cunhada num território lamarckiano, como refere Harris (1989, p. 65). Esta autora revela-nos como o «domínio que a teoria da degenerescência atingiu na parte final do século [XIX] pode apenas ser entendida no contexto da perspetiva lamarckiana francesa sobre a herança (*inheritance*) e transformação das espécies, uma aproximação que se opunha à ênfase darwiniana sobre a seleção natural» (*id.*, *ibid.*). Seja como for, e como também não deixa de acrescentar Harris, «é importante reconhecer que nenhuma única e absoluta [logo, essencial] conceção seja "darwinista" ou "neo-lamarckiana" pode ser oferecida» (*id.*, *ibid.*). Sem querer detalhar muito mais, cumpre-me acrescentar, a par de Harris, que não se detetam (e o caso português merece, neste ponto, destaque) em quaisquer das análises degeneracionistas então em vigor, um apelo explícito e inquestionável ao acaso ou à seleção natural como «motor» do sistema evolutivo. Pelo contrário, o trabalho destes médicos alienistas parece concentrar-se nos esforços do organismo em se adaptar, *propositada e direcionalmente*, a um meio em permanente mudança (*id.*, p. 67).[50] Neste aspeto, alguns dos alienistas portugueses (em que se destaca Miguel Bombarda) pareciam mimetizar os seus pares franceses, dotando o meio, e não a seleção natural, de uma vetorialidade e de uma criatividade óbvias.[51] Este quadro transformista pode ser compreendido através de Bombarda:

> Um óvulo fecundado, tendo latentes as qualidades paternas, poderá não as apresentar mais tarde, porque foi alterado na sua evolução, por exemplo, por uma doença, ou porque influiu outro fator importante, a educação. § A mentalidade, e portanto os atos do homem, não dependem com efeito exclusivamente da estrutura inicial do cérebro. A educação, no seu sentido mais largo, influi poderosamente sobre o modo por que o

---

[50] Num trabalho verdadeiramente enciclopédico, *Darwin em Portugal (1865-1914), filosofia, história, engenharia social* (2001), Ana Leonor Pereira tenta detetar os efeitos *estritamente* darwinistas no trabalho de alguns dos intelectuais portugueses mais incensados dos finais do século XIX, entre os quais avultam Matos (ao qual dedica um capítulo [*id.*, pp. 359-433]), e Bombarda (atribuindo a este menor relevância no quadro que traça). O estudo padece da ênfase em torno da figura de Darwin e do seu papel na formação intelectual de figuras como Matos ou Bombarda. Uma reflexão mais atenta do lugar que os modelos degeneracionistas tinham na cosmovisão *fin de siècle* (tópico que é, porém, *cursivamente* tratado no contexto de uma discussão sobre a eugenia [*id.*, pp. 499-500]), permitir-lhe-ia matizar a essencialização metodológica que percorre todo o seu estudo. Matos, um prosélito de Darwin, segundo Ana Leonor Pereira, é muito mais um lombrosiano que um darwinista. E a influência de Darwin sobre Lombroso é apenas uma das que compõe o seu heterogéneo tecido de influências teóricas, em que avultam Morel, Haeckel, Broca e Spencer (Pick, 1996, p. 112).

[51] Para uma apreção do cariz lamarckiano das teorias antropológicas evolucionistas coevas, ver, *e.g.*, Kuper (1991 [1988], pp. 1-14).

homem se conduz e influi atuando na própria base dos atos, isto é, na mesma organização cerebral, que assim se deve considerar, até anatomicamente, como resultante destes dois componentes – estado congénito e ações educativas (*id.*, pp. 69-70).

E um pouco adiante não deixa de assinalar a influência que assume a «escola francesa» no seu pensamento, fazendo-a contrastar à «escola italiana»:

> Tendo porém atuado ou não sobre a própria organização cerebral, o que não tem dúvida é que a educação influi poderosamente sobre os atos dos indivíduos. Esta influência é tão grande que em criminologia se chegou a fundar uma escola, a escola francesa, que considera o fator social como o agente mais importante, senão único, nos factos da criminalidade, em contrário da escola italiana, que vê quase como único fator a organização congénita (*id.*, pp. 70-71).[52]

De algum modo, este entrelaçamento entre soma e meio só acentuava as pretensões meta-teóricas, isto porque pretendia abolir a insanável oposição mente-corpo, enleando-as num único modelo explicativo.[53]

---

[52] Seja como for, Matos, em aproximações decididamente lombrosianas, não deixará de radicalizar as suas pretensões «congénitas». Matos era um lombrosiano convicto, e, neste sentido, um adepto extremo do determinismo biológico do investigador italiano.

[53] Porém, como poderemos constatar através da assimetria nem sempre insanável entre soma e meio (com ênfase naquele primeiro termo), Bombarda parece ter cultivado uma ambiguidade posicional entre a escola italiana e a escola francesa. Contrariamente ao que o seu determinismo parece sugerir, dir-se-ia que esta instabilidade posicional era ditada, a meu ver, por uma consciência da complexidade causal em que assentavam as patologias da mente e os comportamentos disruptivos. De outro modo, a ambiguidade posicional dos alienistas do período é percetível no plano das causas (a sua multifatorialidade não é nunca cabalmente desmentida), sendo menos percetível no plano dos sintomas (inequivocamente somáticos). Aliás, esta perceção da complexidade é um dado relativamente recorrente nos testemunhos da época sobre a alienação mental ou sobre a criminalidade. Basílio Freire (1886, p. 228), um arreigado defensor dos modelos degeneracionistas, escreverá, por exemplo: «O vício de argumentação é sempre o mesmo e sempre erróneo: querer encontrar numa causa isolada a origem dum grande mal». Se recorrermos à imprensa da época, descobrimos também observações que o confirmam. Sobre o crime (e apelando de forma implícita ao modelo degeneracionista), escrevia-se no *Diário de Notícias* de 1 de Maio de 1886 (p.1): «Seria insensato procurar numa só causa a origem da criminalidade. Há no fundo de toda a inteligência, há no fundo de todo o sentimento, um princípio mórbido, que se pode manifestar, em certa ocasião, dadas certas circunstâncias. A natureza humana tem destas sombras, que mancham, de quando em quando, a perfetibilidade a que constantemente aspira.»

Mas tais pretensões não se ficariam por aqui. Como salientei, elas sugeriam também um fundo comum para a arborescente e sempre instável profusão classificatória. Quando olhamos para as classificações nosológicas do período (nos seus registos teóricos e práticos) compreendemos todo o alcance da observação de Machado de Assis (um contemporâneo de Matos e Bombarda)[54] em *O alienista*, quando, através da boca do médico Simão Bacamarte, nos diz que a loucura não seria afinal uma «ilha», mas tão-só um «continente».[55] O esquema degeneracionista era um modo de circunscrever compreensivamente a pletora de classificações em uso. Repare-se, por exemplo, que o esquema fazia incluir nosologias tão díspares como a loucura moral, por mim já referida atrás (que detém, ela própria, um estatuto classificatório relativamente instável, pautando-se por uma ambiguidade permanente entre patologia e imoralidade, loucura e maldade), a «epilepsia», ou a «paranóia» (quaisquer uma destas categorias detinham uma enorme plasticidade semântica e semiológica). O modelo revelava pois as suas ambições longitudinais (Berrios e Beer, 1999, p. 324).[56]

Bombarda, fazendo estender o alcance do modelo, ousará detetar na epilepsia o seu fundo degenerativo insofismável.[57] Interrogando a fronteira entre o normal e o patológico, escreve:

> Onde existe o espírito idealmente normal, justamente ponderado em todas as suas faculdades, com o *quantum* exato de energias volitivas e de potências comotivas? Qual o espírito que não abriga esta ou aquela modalidade que dele faz exceção para o comum dos homens? § Todas estas dúvidas, que ainda se podem sustentar a propósito das degenerescências mais ligeiras, desfazem-se por completo quando profundamos

---

Há perturbações no homem, como há perturbações na sociedade e essas perturbações trazem à superfície o lodo que jazia oculto.»

[54] Machado de Assis nasceu em 1839 e faleceu em 1908.

[55] «A loucura, objeto dos meus estudos, era até agora uma ilha perdida no oceano da razão; começo a suspeitar que é um continente.» (Assis, 2001 [1882], p. 20).

[56] Esta tentação por modelos longitudinais já havia sido por mim referida aquando da minha digressão em torno da anatomo-clínica.

[57] Sobre a epilepsia e o seu contexto, ver, *e.g.*, Berrios (1999b [1995], pp. 147-63) e Porter (1999 [1995], pp. 164-73).

[*sic*] a epilepsia. Estamos quase no extremo oposto da série degenerada. Achamo-nos com os graus mais carregados de estigmatização
degenerativa; os factos que encontramos oferecem-se ao mesmo tempo
tão fundamente gravados e tão espalhados pelo organismo inteiro que
nenhuma hesitação é lícita; achamo-nos francamente no terreno da
anormalidade (1896a, p. 208).

O que esta nosologia revela é pois a constelação degeneracionista em
ação, capaz de potenciar deslocamentos entre o normal e o patológico
incessantemente reiteradores de avaliações sociais e forenses vastíssimas.
Assim, por exemplo, Bombarda compara o epilético ao louco moral,
situando-os em pólos extremos de uma economia da passionalidade,
partindo depois para um conjunto de apreciações sobre a natureza humana e sobre os efeitos da civilização na condição essencial do homem:

Os afetos e as paixões dos epiléticos são sempre excessivos [...]
Desencadeado, sob a influência de uma paixão má, [o epilético] é uma
besta fera. § O epilético é assim um apaixonado; estamos longe do
louco moral, que é um indiferente e um egoísta. Mas nessa paixão
é sempre a feição má que se acentua incomparavelmente mais. Não porque nele não existam as duas feições, boa e má, que carateristicamente
se alternam. Mas porque é o lado mau que mais nos fere, porque são os
sentimentos maus que mais violentamente e com maior prejuízo de terceiro se podem manifestar, porque na vida são muito mais numerosas
as circunstâncias que nos podem contrariar do que aquelas que nos
podem favorecer, e finalmente porque a natureza humana é primeiro
que tudo maldosa e o epilético não faz senão exagerá-la. § Há muito
verniz de civilização, muito polimento de polícia, na vida social hodier-
na. Tirem ao homem essa ligeira e artificial camada de benignidade e o
selvagem irrompe. Factos de todos os dias no-lo atestam. É a gargalha-
da alvar dos que presenceiam uma queda que pode ser desastrosa. É a
fúria sexual nas aglomerações. É o insulto com que se afronta a mulher
honesta que passa. É a perseguição movida aos fracos, aos aleijados,
aos idiotas, aos velhos, quando estão longe as vistas policiais. São os

atos sanguinários das multidões, é a fúria da carnificina que as acomete quando libertadas do freio tutelar dos agentes de polícia. É finalmente a violência do despotismo, quando o poder encontra um povo inerme, indiferente e apodrecido. § O epilético é o homem normal a quem de todo caiu o verniz da civilização; é o homem civilizado em quem o conjunto de noções refletidas, que são constituídas pelo respeito para com os direitos dos outros e pelo receio da lei, deixa de ter voz no capítulo da consciência (*id.*, pp. 217-9).

Este rigoroso pessimismo antropológico, norteará a reflexão e a prática forense dos alienistas portugueses da transição do século. A linguagem da degeneração preenche todo o espaço das suas considerações em torno de matérias que se prendem com a extensão legal dos conhecimentos médicos. Para Bombarda, tal como para Matos, não apenas a antropologia criminal seria a ciência de vanguarda dos tempos conturbados em que viviam - a «antropologia criminal é a ciência de nossos dias», escreve Bombarda (*id.*, p. 335) -, como o crime revelava uma «organização individual» defeituosa, e *fatalmente* defeituosa (*id.*, p. 336). Bombarda, apesar da sua ambiguidade posicional entre a escola francesa e a escola italiana (em *A consciência e o livre arbítrio* publicado dois anos após o seu tratado sobre a epilepsia, Bombarda parece mais próximo das posições da primeira do que da segunda), permanece no essencial sempre o mesmo:

O crime é uma fatalidade de organização. Poderá haver eficaz intervenção de condições mesológicas que venham a influir na sua manifestação. Mas o fator individual fica sempre de pé, como o mais poderoso e o mais necessário. Poderão também as teorias individualistas divergir no modo de ver o criminoso. Mas, se muitas pecam pelo exclusivismo, se o crime não é só um fenómeno epilético ou atavístico, se nem sempre é o feito de um louco moral, se pelo contrário tudo isso pode ser e ainda mais que a degenerescência abraça, aquilo em que todas se enlaçam é em ver no criminoso um doente. § É este facto que inflexível se sustenta em ciência positiva. Di-lo o estudo de um passado em que se misturam, se entrelaçam, se confundem, crime, nevrose e loucura. Di-lo a complexa estigmatização que marca mais indelevelmente o criminoso que o ferro em brasa de civilizações recuadas. Di-lo ainda uma vida mental que se libertou de laços sociais e que no seu egoísmo abarcaria o mundo inteiro para seu exclusivo gozo. Di-lo finalmente a indocilidade do criminoso perante todas, absolutamente todas as influências educadoras. § A regeneração do delinquente é a mais assombrosa utopia dos nossos tempos (*id.*, pp. 336-7).

O que importa destacar é que a teoria ou modelo da degeneração iria articular, no seu movimento compreensivo, muitas das nosologias então em voga, entre as quais se destacam a loucura moral, a epilepsia, mas também a «paranóia», esse *locus classicus* de toda a psiquiatria moderna.[58]

A paranóia, que é uma aquisição da modernidade psiquiátrica (e a expressão é pleonástica, porque só há psiquiatria na modernidade), terá expressão individual ou coletiva. E quando se inscreve já não somente no corpo individual, mas também no corpo coletivo, ela pode apelidar-se de «conspiração». O medo das multidões sem freio, simples marionetes nas mãos de conspiradores / sugestionadores é, por exemplo, um dos tópicos mais reincidentes nos textos dos alienistas portugueses (fortemente influenciados pelas ideias do pioneiro da psicologia das multidões, Gustave Le Bon).[59] Bombarda explicitá-lo-á na sua reflexão sobre as figuras religiosas e o seu poder sobre multidões de crédulos. Num apontamento sobre a religião islâmica e o seu fundo epilético, logo degenerativo, Bombarda escreve inflamadamente:

---

[58] Júlio de Matos, atribuirá ao médico francês Charles Lasègue (1816-1883) o mérito de ter sido o primeiro (em 1852) a distinguir do «caos da melancolia o delírio de perseguições», demonstrando a sua identidade patológica entre as demais formas de alienação mental (1898, p. 21). Matos defende, neste contexto, o fundo insanavelmente degenerativo da paranóia (*e.g.*, 1898, pp. 169-81). Para compreender melhor os contornos sobre a conceção degeneracionista da paranóia, ver, *e.g.*, Dowbiggin (1999 [1995], pp. 372-83).

[59] Uma espécie de fascínio e de repulsa pela forças obscuras contidas na multidão parece ocorrer na Europa ocidental entre os séculos XIX e XX. Cenário que creio ser transponível para o caso português, por razões várias, que, em si mesmas, dariam espaço a um outro projeto. Ver, a este propósito, os influentes estudos de Robert Nye (1975, 1984) e o não menos influente de Susanna Barrows (1990).

Verdadeiras religiões, que trazem submissas raças inteiras e homens aos milhões, vão buscar na epilepsia a sua inspiração original. Tal é o maometismo. Maomé era epilético. § Quando se contemplam certos epiléticos levados ao auge do seu delírio religioso, compreende-se o arrastamento que, até só por ele, possam exercer sobre multidões ignaras (*id.*, p. 325).

Refere, no mesmo contexto, as «epidemias da loucura» (*id.*, *ibid.*), uma das imagens mais constantes desta perda de controlo sobre as sugestionáveis multidões degeneradas. Júlio de Matos não deixará, por sua vez, de chamar a atenção para a enorme capacidade de sugestão exercida pelo efeito da multidão ou do grupo. Uma das traduções mais óbvias disto está nas suas invetivas contra um sistema penitenciário que, ignorante das qualidades intoxicadoras da criminalidade patológica, reunia no mesmo espaço «alienados criminosos» e «alienados comuns» (a degeneração surge-nos aqui não tanto como uma simples doença, mas antes como um indelével traço constitucional):

Em grande número de casos, o crime não é nos alienados um episódio de doença, mas o indício seguro de uma degenerescência regressiva, que lhes dá um caráter especial e que os faz não só eminentemente perigosos, mas deploravelmente indisciplinadores. A entrada de um doente destes numa enfermaria comum, assinala-se não poucas vezes por toda uma série de perturbações internas, que só aprecia quem conhece os serviços manicomais. O espírito de mentira e de intriga desta ordem de doentes, a sua tendência, tão excecional nos outros, às conspirações, a sua permanente insubordinação, os seus vícios, contraídos nos cárceres e nas casas de libertinagem, a sua constante preocupação de fuga, tudo faz deles um elemento de indisciplina e de desordem (Matos, 1903, pp. 22-3).

À luz desta possibilidade de sugestão e contágio, Matos afinará a sua conceção microbiológica e higienista (preventiva) da criminalidade. Esta modalidade do seu pensamento encontra-se bem patente na sua exegese introdutória ao tratado de Garofalo por si traduzido, *Criminologia, estudo sobre o delito e a repressão penal* (1893).[60] Sem querer detalhar, leia-se, por exemplo, a seguinte citação que atesta razoavelmente esta noção microbiológica e higienista do contínuo criminalidade-degeneração:

> Assim como os micróbios, ínfimos seres de uma textura rudimentar, se insinuam nos mais elevados organismos e neles vivem parasitariamente, nutrindo-se dos seus elementos, roubando-lhes as energias, produzindo-lhes doenças e muitas vezes a morte, também os delinquentes, espíritos inferiores, irrompem nas mais cultas sociedades, haurindo-lhes as forças, perturbando-lhes as funções, colocando-as em permanente sobressalto. § O [*sic*] cólera, a raiva, a gripe, a febre amarela, o carbúnculo, a tuberculose, dezenas de outros flagelos denunciam a presença do inimigo biológico; o assassinato, o roubo, o incêndio, o estupro, a calúnia, dezenas doutros males revelam a existência do inimigo social. § As estatísticas médicas, apontando-nos em cada país a cifra enorme dos que as legiões microbianas todos os dias atiram para os cemitérios, não nos dão senão uma ideia aproximativa do número dos atacados, porque não contam os que a doença deixou para sempre enfraquecidos e irreparavelmente espoliados de um capital de existência, que não pode medir-se; menos aproximada é ainda a ideia que das vítimas dos delinquentes podemos formar em face das estatísticas criminais dos diversos Estados, porque dos seus números estão excluídos todos os que indiretamente sofreram nos seus interesses morais ou económicos pelo facto de cada crime. Pense-se que o assassinato de um só homem pode implicar orfandade de muitas crianças, que o incêndio de uma só propriedade pode conduzir à miséria dezenas de pessoas, que a calúnia lançada sobre um indivíduo se reflete por incontáveis efeitos sociais sobre os seus descendentes, e ter-se-á compreendido quanto há de obscuro e irredutível a números na tarefa devastadora do delinquente (Matos, 1893, pp. i-ii).

---

[60] Sobre o contexto europeu em que esta visão microbiológica da criminalidade emerge, ver, *e.g.*, Harris (1989, pp. 98-105).

A degeneração serviu para pensar fronteiras inter e intra-sociais (*e.g.*, Pick 1993, p.39).[61] Se nos afastarmos para esse círculo de gigantesca e informe compreensão nosológica e temática que o modelo da degeneração traça, dir-se-ia que tal linguagem permitia desenhar as fronteiras internas e externas do sistema.[62] O meu estudo reporta-se fundamentalmente aos «inimigos de dentro». A psiquiatria nas suas extensões forenses (em convergência com outros saberes) não apenas exerceu um trabalho cultural de produção de ideias que vieram depois a disseminar-se no espaço social sobre estes inimigos internos ao sistema, como, no plano estritamente institucional, veio a desenvolver um trabalho classificatório decisivo na localização de tais inimigos.

A linguagem degeneracionista era moeda corrente na produção de estudos forenses sobre alienados criminosos, tendo, pois, implicações muito concretas sobre a vida de sujeitos específicos. Para exemplo de presentes e futuros especialistas forenses, Matos publica *Os alienados nos tribunais*, uma trilogia integralmente constituída por estudos de casos forenses que virá a fazer jurisprudência em Portugal durante o século xx (1902, 1903, 1907). Entre os estudos de caso aí publicados, são vários os que apelam a uma linguagem degeneracionista.

Um desses casos é o de um tal Manuel Carriço, um natural de Sobreiro (Anadia) de 29 anos de idade (Matos, 1902, pp. 137-47). Carriço, um quase anónimo jornaleiro (não fora o seu crime, e, sobretudo, não fora a sua entrada para a galeria de casos forenses exemplares de Matos), foi acusado de ter ferido gravemente Manuel Peralta, um seu já idoso vizinho que o

---

[61] O «outro» como habitante de um espaço exterior ou interior à comunidade. A relação entre a linguagem degeneracionista e linguagem racialista, por exemplo, foi um modo muito eficaz de articulação das fronteiras exteriores às sociedades europeias durante o período a que se reporta o meu estudo. Basílio Freire, um influente antropólogo criminal português contemporâneo dos alienistas aqui em estudo, revela-nos a relação entre estas linguagens ao destacar que «[a] palavra – degeneração – parece ter sido empregada pela primeira vez por Buffon, nos seus estudos etnográficos a respeito das raças dotadas de carateres variáveis segundo o clima, a alimentação e os costumes» (1886, p. 45). A relação entre a degeneração e o racialismo é tratada com especial ênfase por Gould (1981). Os usos de tal gramática de relações têm sido estudados por vários autores (*e.g.*, Bauman, 2000 [1989] e Gilman, 1985, 1986).

[62] No mesmo sentido, Michel Foucault (1994a [1975], pp. 827-8) escreverá que «a construção de uma teoria geral da degenerescência» virá a «servir de quadro teórico, ao mesmo tempo que justificação social e moral, a todas as técnicas de referenciação (*repérage*), de classificação e de intervenção sobre os anormais».

ajudara por várias vezes (*id.*, p. 144), com uma foice às seis horas da manhã do dia 12 de abril de 1901. Carriço viria a ser interrogado a 1 de junho no tribunal de Anadia, declarando então que «agredira o Peralta, *porque calhou*» (*id.*, p. 138). A aparente ininteligibilidade do gesto de Carriço, «levantou no juiz a suspeita de que o réu fosse alienado». Após a primeira peritagem forense realizada por dois médicos de comarca, que o consideraram «alienado», o réu haveria de ser objeto ainda de uma cuidada avaliação realizada pelo Conselho Médico-Legal do Porto, cujo relator era Júlio de Matos. Carriço havia cometido um outro crime em 1900 (também sem motivo aparente) que teria consistido no «espancamento de um carreiro» (*id.*, p. 142). No estudo que lhe dedica, Matos escreve a dado momento: «[o]s crimes do Carriço, tanto o de 1900 como o de 1901, são apenas episódios do seu estado mental e não fazem senão denunciar bem carateristicamente *a impulsividade dos degenerados inferiores*» (*id.*, p. 145).

Um outro caso, não menos sintomático, é o de uma «lavradeira» de 51 anos de idade, Ana Joaquina da Costa (*id.*, pp. 209-23). Natural de Figueiró (Amarante), Ana Joaquina foi acusada de ter incendiado no dia 20 de junho de 1901 a sua casa. Não se descobriu o móbil do crime. E, após ter sido solta a 7 de agosto desse ano, «por falta de pronúncia» (*id.*, p. 210), esta mulher voltou a reincidir, deitando fogo à casa de um vizinho a 8 de agosto. Face à incerteza manifestada pelos facultativos de comarca, Ana Joaquina entrou no manicómio do Conde Ferreira onde, no quadro das competências atribuídas ao Conselho Médico-Legal do Porto, viria a ser objeto de uma análise minuciosa por parte de Matos. Sem negligenciar as suas preocupações antropométricas recorrentes, Matos diz estar-se perante «uma degenerada com estigmas físicos evidentes» (*id.*, p. 216), concluindo a sua observação médico-legal com um conjunto de parágrafos (resposta a quesitos do tribunal) em que se pode ler logo de entrada o seguinte: «Ana Joaquina da Costa é uma degenerada hereditária, mal dotada intelectualmente, sofrendo há muitos anos de epilepsia vertiginosa e ultimamente de acessos delirantes, que substituem as crises somáticas da nevrose» (*id.*, p. 223).

Estamos aqui perante uma rede vocabular que viria a permear fortemente as discussões forenses travadas em torno de alienados criminosos.

Mas, de forma mais contextual (e revelatória) do seu caráter discursivamente eficaz na produção da alteridade, no qual a razão técnica dos saberes forenses se enquadrava, importa enfatizar a dimensão endémica de tal rede vocabular em Portugal (e na Europa ocidental em geral).

O espetro degeneracionista assolava a Europa[63], e a medicina legal dos alienados, a então emergente psiquiatria forense lusa, era, tal como as suas congéneres europeias (sobretudo a francesa e a italiana), uma oficina de produção de representações culturalmente decisivas para a produção da diferença. A matriz liberal e republicana de então não poderia ser mais propícia à aceitação de tais mecanismos de produção da diferença. E, em grande medida, a medicina legal dos alienados metamorfoseava-se numa medicina legal dos degenerados de contornos, saberes e exigências profissionais e políticas vastíssimas.

O corolário institucional de tudo isto ocorreu a 11 de Maio de 1911, quando foi publicada a primeira grande lei de assistência aos alienados, que teve como principal artífice Júlio de Matos, e que foi subscrita por destacadas figuras da Primeira República, avultando aí os nomes de Joaquim Teófilo Braga, António José de Almeida, Afonso Costa, José Relvas e Bernardino Machado.[64] É fascinante verificar não apenas a inquietação perante o indeterminável da insanidade mental que tal articulado revela, mas também, e dadas as pretensões profissionais e políticas da psiquiatria e suas extensões forenses, a forma como se pondera a severidade estatística do problema e, muito particularmente, a forma como se metamorfoseia a linguagem da alienação mental e da criminalidade numa linguagem que se apoia na matriz degeneracionista (de acento fortemente hereditário) emblemática da época. Lê-se aí logo na introdução à lei:

> O último caso da população portuguesa revela a existência de 6600 alienados. Há, porém, sobejas razões para crer que este número está muito aquém da verdade. Uma estatística feita em 1883 pelo professor

---

[63] Há indícios que esta linguagem viria a ter algum sucesso também nos E.U.A, pesem embora as diferenças (Hacking, 1999, pp. 65-7; Rosenberg, 1968, pp. 100-1, pp. 246-7).

[64] Lei essa que surge, providencialmente, no mesmo ano em que se dá a reforma do ensino médico. Sobre a reforma do ensino médico, ver Neves (1922, p. 201).

António Maria de Sena e publicada n' *Os Alienados em Portugal*, denunciava então, apesar de confessadamente incompleta, 8000 loucos. Ora, tendo-se tornado a vida portuguesa indiscutivelmente mais difícil e penosa, nos últimos 28 anos, não é de modo nenhum provável que aquele número baixasse; ao contrário, deve supor-se que os doentes apurados em 1883, vivendo em liberdade e reproduzindo-se, ao menos em parte, tenham dado origem, mercê das *inflexíveis leis da hereditariedade mórbida*, a um número considerável de novos alienados. Por outro lado, o alcoolismo, que há 28 anos era ainda entre nós uma intoxicação muito rara, tem-se, desde então, acentuado progressivamente. § Considerações de uma outra ordem nos conduzem ainda a julgar excessivamente diminuta aquela cifra de 6600 alienados, em que se contavam os assistidos nos manicómios de Lisboa e Porto, em número aproximado de 1200. Se ela fosse verdadeira, Portugal, com perto de 5 milhões e meio de população, seria um país privilegiado, porque não ofereceria senão 1,02 alienados por cada 1000 habitantes, o que está abaixo das mais exíguas proporções conhecidas no mundo culto. Ora a verdade é que nem a impressão dos alienistas portugueses que têm visitado o estrangeiro, nem razões especiais de qualquer natureza permitem crer que disfrutemos sob o ponto de vista da loucura uma tão excecional situação na Europa. § Mas, quando mesmo supusessemos exata a cifra de 6600 alienados no território português, nós não deixaríamos de representar, em matéria de assistência, um deplorável e vergonhoso papel. De facto, recolhendo os manicómios de Lisboa e Porto 1200 doentes apenas, Portugal hospitalizaria menos de uma quinta parte dos seus alienados, deixando as quatro restantes, ao abandono, como causa de crimes inconscientes, de sobressaltos sociais e de *progressiva degenerescência da raça*. Este facto é sem precedentes, na história da civilização moderna. § E, infelizmente, porque a cifra de 6600 alienados não exprime, talvez, senão três quartas partes da realidade, mais sombrio é ainda o quadro da nossa miséria (Coleção Oficial de Legislação Portuguesa [a partir daqui COLP], 1911, p. 834).

A medicina legal dos degenerados tinha assim um efeito determinante nas opções a tomar em relação a indivíduos e coletividades cujos modos de vida e práticas, pouco conformes com a matriz liberal, primeiro, e republicana depois, espelhavam uma ameaça ao sistema. Alcoólicos, prostitutas, homossexuais, de um modo ou de outro, todos foram objeto de enunciações degeneracionistas.[65]

O alcance da teoria era de tal ordem que, por exemplo, João Franco, o polémico político liberal, viria a ser apodado em 1907 pelos seus adversários como um caso de degeneração (*e.g.*, Ramos, 2001, p. 31), e Fernando Pessoa virá a justificar o seu «drama em gente» à luz da leitura que fez da obra de Max Nordau, um dos mais destacados teóricos da degeneração (*e.g.*, Simões, 1980 [1954], pp. 259-72). Isto não quer dizer, porém, que as teorias degeneracionistas fossem rigorosamente consensuais.

No plano europeu, sabe-se como tais teorias foram objeto não apenas de contestação, mas também de ironia e sarcasmo. Justamente em 1907, quando, em Portugal, João Franco era objeto de exegese degeneracionista, Joseph Conrad publicava o seu *The secret agent*, onde abundam os tropos degeneracionistas. Os livros de Conrad, são, como nos mostra Pick (*id.*, pp. 160-2), um caso em consideração, isto porque podemos aí detetar o caráter agonístico e impreciso de tais tropos. Se quisermos, os livros de Conrad permitem-nos assistir à inquietação cultural e social *in the making* que a linguagem da degeneração traduzia, refletindo-se neles a contestação e a ironia com que eram também recebidos e apropriados. Um outro caso ainda, procedente de outro quadrante cultural, é o do médico e escritor alemão Oskar Panizza. Panizza, que ironicamente viria a falecer encerrado numa instituição psiquiátrica nos arredores de Bayreuth, publicou em 1898 um libelo anarquista em que, através de uma estratégia marcadamente irónica, senão mesmo sarcástica, denuncia as pretensões forenses, sociais e políticas da degeneração.[66]

---

[65] Os utilizadores de opiáceos entre outras substâncias assumem aqui um lugar destacado (ver, *e.g.*, Davenport-Hines, 2001, pp. 112-47).

[66] Pretendendo identificar uma entidade mórbida, a *psychopatia criminalis*, depressa se descobre que tal entidade, pelo seu caráter compreensivo e modo de codificação cultural, se afigura, para Panizza, uma metamorfose da degeneração: «Lento e sinistro é o começo desta doença pouco estudada e de evolução sinuosa, que destrói e mina por igual o exterior e o interior do indivíduo, o corpo e a alma, o ânimo e o caráter. § Como facilmente se compreende a partir das modernas observações psicológicas, a hereditariedade é, na maioria dos casos, claramente demonstrável. § Tal gente não devia casar-se porque

A perceção de que se estaria perante uma linguagem dotada de possibilidade miríficas no plano forense, mas também nos planos social e político vigentes não é, pois, uma atribuição anacrónica ou simplesmente retrospetiva. A possibilidade de estarmos perante um vocabulário de pesadelo parece também ter sido compreendida pelos contemporâneos de psiquiatras e psiquiatras forenses da transição do século xix. Parece inclusive ter sido compreendida pelos próprios psiquiatras. A perceção do maximalismo explicativo dos esquemas degeneracionistas é uma nota coeva de alguns dos seus mais desassombrados defensores.

Em 1896, Miguel Bombarda, um dos destacados agentes da nova Cosmopólis republicana, haveria de publicar em forma de separata «uma contribuição ao estudo médico do anarquismo e do regicídio» (1896b, p. 569). Nesse estudo, Bombarda insurge-se contra a desmesura de certos modos de patologização da criminalidade (o que é uma nota de sintomática singularidade num autor pautado por uma agenda degeneracionista forte). Em particular, diz-nos ser imperioso «reprimir a presteza com a qual se acusa de loucura os feitos que se distanciam por um traço extraordinário [*un trait extraordinaire*] daqueles que são usuais ou correntes nas sociedades atuais» (*id., ibid.*). Reportando-se às, segundo ele, apressadas associações entre loucura e anarquismo e degeneração e anarquismo, acrescenta:

> É fácil de dizer que um atentado anarquista é um ato de alienação mental. Mas coloquemo-nos nós fora da defesa da constituição atual das nossas sociedades, lembremo-nos de tudo o que pode a paixão desesperada ou a energia persuadida pela propaganda daqueles cuja voz

---

é praticamente impossível eliminar o germe da doença. Tem-se observado que, mesmo em casos de miscigenação avançada com lacaios, o germe dessa antiga oposição, religiosa ou política, volta sempre a irromper e a causar grande infelicidade. § Noutros casos, pelo contrário, não se encontra qualquer fator hereditário. São muitas vezes indivíduos que simplesmente não suportam ver milhares de pessoas deitarem-se na rua aos pés de um só homem e deixarem-se amassar pelas ferraduras do respetivo cavalo. Na maioria dos casos trata-se de jugo cortical. Estas pessoas representam, como é natural, um perigo público e devem permanecer sob vigilância constante. Também aqui, o princípio da autodefesa do Estado exige que não se admita que tais pessoas entrem nas tarefas da procriação» (1988 [1898], pp. 13-4).

é sufocada por uma infinita complexidade de interesses, e poderemos bem estimar se um ou outro dos atentados anarquistas não poderá ser o produto da lógica implacável, da poderosa reflexão de um espírito absolutamente são. Ou então, não haverá nunca revoluções sociais senão aquelas empreendidas por loucos, e a história está repleta de feitos que nos demonstram a conclusão oposta. § O problema é sobretudo um problema prático. Devemos reter em asilos os criminosos anarquistas? Eu não hesito em responder negativamente, ainda que os possamos crer sempre e incontestavelmente uns degenerados. O mundo está cheio de desequilíbrio e degeneração. Podemos afirmar que as sociedades não são somente o resultado de espíritos sábios, mas que há sempre e em todo o lado a colaboração de degenerados e de desequilibrados. Mas há mais: se nós ensaiarmos uma análise dos dados através dos elementos atrás expostos, chegaremos à impossibilidade de saber onde termina o espírito normal e onde é este substituído pela degeneração (*id.*, *ibid.*).

E adiante, acerca da relação entre loucura e regicídio e degeneração e regicídio, escreverá:

O mesmo direi do regicídio. Nós ainda não fizemos a demonstração que a loucura esteja sempre nos fundamentos do ato. É verdade que construímos um regicida tipo tendo por base a loucura; mas a criação está bem longe da realidade; fomos à procura de elementos disseminados entre os regicidas; um fornece-nos os estigmas físicos de degenerescência, um outro dos estigmas mentais, um terceiro apresenta analogias com os criminosos, etc., e os dados de todas estas fontes diferentes foram reunidos num feixe único, o regicida tipo. Nisto há um procedimento onde não podemos reconhecer senão a falsidade; por um tal meio, chegaremos a denunciar como loucos não apenas todos os criminosos, mas grupos inteiros sejam eles quais forem, entre as profissões e classes mais prudentes e mais conservadoras (*id.*, pp. 569-70).

Dir-se-ia que o proselitismo psiquiátrico degeneracionista não é abandonado por Bombarda. Mas é como se ele demonstrasse neste texto a consciência dos seus riscos, ou, e de forma mais cínica (mas talvez mais adequada), a consciência que a natureza de tal raciocínio poderia, ironicamente, comprometer as suas pretensões republicanas, senão mesmo revolucionárias.[67]

Seja como for, há todas as razões empíricas para dar crédito à hipótese de que a degeneração serviu de alavanca às pretensões forenses da psiquiatria portuguesa do período, através de uma radicalização da sua retórica que teve largo impacto no espaço público. Entre a Monarquia Constitucional e a I República, a psiquiatria portuguesa e as suas extensões forenses estavam seriamente comprometidas com as inflexões civilizacionais que, de forma diversa, eram letra de lei entre a elite intelectual do país. E se, neste sentido, *há um contínuo entre a cultura política de liberais e republicanos*, é como se, a dado momento, a descontinuidade entre estes dois universos políticos tivesse sido extremada pelos republicanos através de uma ideia acerca do incumprido da monarquia. E fizeram-no apoiando-se em insidiosas ameaças sociais que a incúria da monarquia deixara passar em claro, e que, envoltas em tropos degeneracionistas, eram agora chamadas à colação para fazer valer pretensões profissionais, técnicas e institucionais. O nadir disto (a sua consagração institucional) está plasmado na já invocada lei de 1911. Fazendo remeter a anterioridade das suas pretensões a um médico português que esteve por detrás de algumas das mais insistentes tentativas de reforma do regime de institucionalização e profilaxia da alienação mental em Portugal, António Maria de Sena[68], a introdução ao articulado não pode ser mais

---

[67] Aliás, estes matizes em relação à degeneração e aos seus excessos podem ser avaliados também pelo conteúdo de algumas observações suas no tratado sobre as epilepsias de que é autor (1896a, p. 19).

[68] Um homem que haveria de escrever «pioneiras» observações no seguinte estilo: «Se fora possível isolar da sociedade os predispostos e alienados, ou mesmo suprimi-los, por forma a evitar conflitos deles com a população válida, a pouco se reduziria o problema da interferência deles nas condições de existência e futuro dum povo. § Este processo de eliminação, o mais simples de todos, e seguido noutras eras, aplica-se na atualidade, em alguns povos cultos, a um pequeno número de criminosos. Tem, por isso, a população válida de conservar em seu seio um grande número de membros degenerados. Daqui se infere a imprescindível necessidade de estabelecer preceitos reguladores das condições de existência da população degenerada, conducentes: 1.º a impedi-la de perturbar as condições sociais da população válida; 2.º a proporcionar-lhe a proteção de que necessita para amaciar, na medida possível, a sua existência miserável e dolorosa» (Sena, 1884, pp. xvii-xviii).

clara acerca deste urgente plano de transformação social que os médicos da República preconizavam e que só a indigência monárquica havia comprometido. Escreve-se aí:

> Sentindo vivamente esta degradante situação [este parágrafo sucede-se ao por mim citado fragmento da lei de 1911], conseguiu o Prof. António Maria de Sena, primeiro diretor do manicómio do Conde de Ferreira, fazer aprovar no Parlamento, em 1889, uma lei pela qual o Governo ficava autorizado à construção de quatro novos manicómios e de enfermarias especiais anexas às Penitenciárias. Essa lei, porém, não teve, durante os vinte e dois anos que decorreram sobre ela, um começo, ao menos de execução, conquanto integralmente fossem cobradas as receitas, numerosas e abundantes, que criou para as novas edificações [...] Tudo se sumiu, na voragem do extinto regime! § É preciso reparar a monstruosidade que a monarquia nos legou (COLP, 1911, p. 834).

O que a República irá intensificar e dramatizar será a operatividade forense, social e política dos saberes médicos e psiquiátricos. É reconhecido por alguns dos nossos mais destacados historiadores da República a relevância que assumiram aí saberes e agentes médicos, e, sobretudo, psiquiátricos. Os republicanos não apenas fundaram a sua filosofia social numa teoria antropológica que presumia a diferença à luz do modelo degeneracionista, pondo as suas práticas de exclusão social de acordo com tal modelo (o caso dos jesuítas é sem dúvida uma das páginas mais sombrias de tal processo)[69], como fizeram também deslocar a sua vontade de transformação da humanidade para a matriz médico-psiquiátrica, de que muitos deles eram reputados mediadores. Certeiramente escreve Rui Ramos que, a par da pedagogia,

> [s]ó outra ciência foi tão acarinhada pelos republicanos: a psiquiatria. Talvez a psiquiatria não precisasse de ser republicana, mas em 1910 os mais famosos psiquiatras portugueses sentiam necessário ser

---

[69] Ver, *e.g.*, Ramos (1994, pp. 404-9).

republicanos ativos, a começar pelo chefe civil da revolução do 5 de outubro, Miguel Bombarda, diretor do manicómio de Lisboa e grande figura da Maçonaria. (1994, p. 415).

É de destacar que o espaço político encontrava-se agora repleto de figuras que faziam parte da classe médica. Como escreve mais uma vez Rui Ramos (*id.*, *ibid.*), «só no governo provisório havia dois médicos e para a Assembleia Constituinte foram eleitos 44 médicos e um estudante de Medicina.» As diferenças entre a Monarquia Constitucional e a I República não poderiam ser mais evidentes: «Costumava então dizer-se que, se a monarquia fora o império dos bacharéis em Direito, a República representava o advento do império dos médicos» (*id.*, *ibid.*). Compreende-se, pois, que em 1912, Júlio de Matos, então reitor da Universidade de Lisboa e reputado sábio do regime, fosse falado para ministro da Instrução Pública. Compreende-se, também, que José de Matos Sobral Cid venha, em 1914, a assumir esse ministério. Rui Ramos (*id.*, p. 416) comenta, não sem ironia: «A direção psiquiátrica garantia assim a eficiência da fabricação de saudáveis e ativos republicanos.» A ordem médica e psiquiátrica assumia, pois, o poder. A emergência e a consolidação da biopolítica à portuguesa parecia encontrar o seu rumo.

E o que dizer da linguagem degeneracionista que servira tão bem as pretensões maximalistas da psiquiatria nas suas extensões forenses? Dir-se-ia que ela já se encontrava em desmantelamento (um processo que, apesar de tudo, se virá a revelar muito longo para o caso português), e, neste sentido, Sobral Cid afigura-se incontornável.

Trata-se de uma figura de passagem. De algum modo, ele continua a ser tributário da linguagem degeneracionista. Ao mesmo tempo parece recusá-la veementemente. Assim, por exemplo, em 1913, Cid publica em *Movimento Médico*, uma «revista quinzenal de medicina e cirurgia» sediada em Coimbra, um estudo intitulado «As fronteiras da loucura». Neste trabalho, que é uma exegese em torno de um detalhado parecer forense sobre um caso de «paranóia litigante» (Cid, aliás, parecia ter uma predileção por esta nosologia, que era uma forma mórbida de paralogismo, um erro de interpretação sistemático e sistematizador com uma conclusão trágica em que o «perseguido» se tornava «perseguidor»)[70], o autor, logo no início do seu texto, procura, por um lado, afastar-se das leituras de senso comum sobre a loucura - o «louco da legenda», cujos padecimentos se revelariam «pela desordem dos atos, pela atividade delirante, pela desintegração da personalidade» (1913, pp. 65-6) -, e, por outro, afastar-se igualmente das mais cultas e vulgares conceções de loucura entre a burguesia esclarecida do seu tempo que se fundavam, justamente, no modelo degeneracionista (Cid, faz neste ponto uma reflexão sobre aquilo que, na época, se chamavam os «degenerados superiores», figuras de génio literário ou artístico que pautavam a sua existência por uma extrema sobranceria em relação às regras e convenções estéticas e sociais normais):

> [O] público, hiperculto e letrado, tende a formar da loucura um conceito, que se é muito mais amplo, tem, em compensação, o defeito de ser infinitamente mais vago e elástico. § A vulgarização da teoria da degenerescência e das doutrinas lombrosianas sobre as relações entre o génio, o crime e a loucura; o teatro escandinavo e certos romances modernos à *these médical*, colocam-nos num ponto de vista donde se encara sob um ângulo excessivamente aberto o campo das perturbações mentais: fizeram-nos uma mentalidade especial, disposta a decorar com a rubrica da loucura ou a colorir com a etiqueta da degenerescência, todos os personagens da vida real em que se logra vislumbrar o esboço de uma fobia, de uma obsessão, ou que marcam por uma excentricidade evidente, por uma singularidade de conduta ou anomalia de caráter. § Com essa tendência, veio a florescer uma vasta literatura de inquérito psicopático, pronta a esquadrinhar a biografia dos grandes homens, à procura de um diagnóstico retrospetivo que seja a chave explicativa da sua obra genial (*id.*, p. 66).

O que podemos constatar neste trecho é, fundamentalmente, uma inquietação perante um modelo explicativo que, pelo seu caráter latitudinário (parece explicar tudo, e por isso já não explica nada), começa a deixar de satisfazer os alienistas (vimos como em 1896 Bombarda se

---

[70] Ver, *e.g.*, Quintais (2006).

mostrava descontente com a colossal relevância que a degeneração vinha assumindo). Cid é exemplo desse descontentamento.

O que é mais nítido em Cid, um dos destacados introdutores das correntes psicanalíticas em Portugal, é o progressivo, mas nunca cabalmente realizado, afastamento em relação ao modelo degeneracionista. Dir-se-ia que o seu estudo de 1913 preconiza um radical abandono da degeneração como esquema compreensivo da alienação mental. Mas ainda na década de trinta do século xx fazia publicar um conjunto de estudos de caso médico-forenses, assumidamente cunhados nos famosos *Os alienados nos tribunais* de Júlio de Matos (Cid, s/d, p. xv)[71], em que faz apelo a tropos degeneracionistas e esquemas hereditários (as «heranças mórbidas») para capitular as diversas formas de loucura dos criminosos em análise. Ao escrever sobre o caso de um «Pseudo-sádico sanguinário» (*id.*, pp. 41--59), Cid, reportando-se a práticas de bestialismo do sujeito observado, um soldado que havia violado e assassinado uma menor de 9 anos de idade em Palmela em junho de 1929, diz-nos:

> Frequente entre os selvagens e até tolerado e consentido em certas sociedades inferiores, o *bestialismo* é, pelo seu caráter francamente regressivo, a perversão sexual por excelência dos degenerados de mentalidade rudimentar e primitiva, mesmo naqueles casos – boieiros, moços de estrebaria, pastores – em que a força das circunstâncias exteriores de certo modo o pode explicar. § Assim, a sua presença na história sexual do arguido é mais um elemento a integrar no conjunto homogéneo de reações e comportamentos, que tão flagrantemente caraterizam o primitivismo da sua organização bio-psíquica (*id.*, p. 48).

Cid é o clínico hesitante, recursivamente marcado por dois modelos que nas suas exegeses se degladiam, o modelo degeneracionista que havia herdado dos pais fundadores - Bombarda e Matos que haveria de qualificar como «inigualáveis predecessores» (1930, p. 235) -, e o modelo

---

[71] Ainda que sem data de publicação, este conjunto de estudos são certamente da década de trinta. O último estudo tem aliás a data de «outubro de 1934» (s/d, p. 220).

psicanalítico. É importante salientar que a ambiguidade, que se gera no confronto entre estes dois modelos, se faz inscrever iniludivelmente nos seus escritos forenses publicados na década de trinta do século XX, e que esta ambiguidade traduz o gradual (e lento) acolhimento que a psicanálise vinha assegurando para si no interior da psiquiatria.[72] Não nos podemos esquecer que Freud morre em 1939, e que a influência da psicanálise se faz sentir desde a década de noventa do século XIX, quando os seus métodos terapêuticos começam a ser objeto de atenção por parte de elementos exteriores ao círculo de Freud, atravessando, no seu trabalho de afirmação e desgaste de modelos anteriores (em que se contava a psiquiatria biológica degeneracionista), toda a primeira metade do século XX, e vindo a assegurar o seu estatuto normativo já na década de sessenta desse século (e.g., Shorter, 1997, p. 154).

Seja como for, nas hesitações de Cid descobrimos um dado axial da psiquiatria do século XX: o progressivo abandono da linguagem degeneracionista. Porém, descobrimos também, numa cursiva apreciação do contexto, o trágico desempenho político da agonia de tal linguagem. Cooptada por eugenistas e higienistas sociais, a degeneração viria a fazer parte integrante da ideologia nazi na década de trinta do século XX (e.g., id., p. 99). É durante esta década que Cid publicará a maioria dos seus influentes estudos forenses, alguns deles reunidos em *Psicopatologia criminal*, outros, talvez os mais estimulantes (pelo detalhe descritivo e hermenêutico que revelam), publicados avulsamente em revistas da especialidade (Cid, 1930 e 1935).

---

[72] Uma figura de passagem, pois, como disse atrás. Dir-se-ia que privilegiando o *close-reading* se consegue perceber como as descontinuidades entre paradigmas não são afinal tão abrutas como o modelo kuhniano (Kuhn, 1962) nos quer fazer crer. Vem a este propósito uma arguta observação de Hermínio Martins: «A interiorização de novas normas cognitivas, com efeito, apresenta-se como um processo muito mais moroso, parcial e precário que no modelo kuhniano de criação e destruição de paradigmas» (1996a, pp. 51-2).

PARTE II
REGULAÇÃO

Em vez de tratar a história do direito penal e das ciências humanas como duas séries separadas em que o cruzamento terá sobre uma ou outra, sobre as duas talvez, um efeito, se quisermos, perturbador ou útil, investigar se não há uma matriz comum e se elas não resultam ambas de um processo de formação «epistemológico-jurídico».

Michel Foucault, *Surveiller et punir*

A 24 de abril de 1886 fazia-se publicar no *Diário de Notícias*[73] o seguinte relato:

> Lisboa foi na quinta-feira de manhã surpreendida com a notícia de uma grande desgraça: a do assassínio de um estudante da escola do exército cometido por outro estudante da mesma escola, ambos em boas condições nos respetivos cursos, e ambos ao que parecia, amigos íntimos. § Uma circunstância singular na existência dos dois mancebos, difícil de perscrutar, e mais difícil ainda de referir, lançara a discórdia entre eles, separara-os, armando aleivosamente o braço de um contra o outro. § Quem os visse, alguns dias antes, juntos, afáveis, alegres, em convivência íntima, mal presumia que aquela ligação se desataria numa tragédia, que só pode, em nosso entender, encontrar uma atenuante – a loucura! § Horrível (p.1).

Nessa quinta-feira de 22 de abril de 1886, das 9 para as 10 horas da manhã, o alferes de infantaria n.º 16, António Augusto Alves Martins Marinho da Cruz, solteiro, de 23 para 24 anos, assassinou a tiros de revólver no largo do Mitelo, em Lisboa, o cabo de caçadores 12, António dos Santos Pereira, seu colega na escola do exército. O exame cadavérico revelou a existência de três balas na massa encefálica. Após o crime,

---

[73] A partir daqui *DN*.

Marinho seguiu em direção ao Campo de Santana. Breve foi a fuga, já que, pouco depois, acaba por ser preso, não oferecendo qualquer resistência. Parecendo aterrado, entrega a arma e chora. Após uma noite de insónia é interrogado na manhã de 23 de abril de 1886. Tomás Ribeiro, advogado de defesa de Marinho da Cruz, reportando-se às peças do processo, faz plasmar nos seus apontamentos uma «narração do crime» em que destacaria os seguintes fragmentos:

Interrogado em juízo na manhã do dia imediato, depois de uma noite de completa insónia, confessa o crime que diz ter praticado sob a influência de uma inexplicável perversão das faculdades e relata que a vítima pouco antes lhe dirigira uma grosseira injúria, em épocas diferentes, acintosamente repetida; nos interrogatórios dos dias imediatos declara não se recordar do crime, do qual diz ter um conhecimento apenas indireto, graças às revelações de seu pai e dos companheiros de prisão; todavia recorda-se do insulto que a vítima lhe dirigira e que repete diante do juiz. § O estado de espírito do arguido na manhã do crime e nos 2 dias que o precederam é conhecido pelo depoimento de uma testemunha que o acompanhou. § Na noite do dia 20, M. da C. é encontrado nas ruas da cidade em estado de sobre-excitação nervosa, com os olhos injetados de sangue, queixando-se de perseguições movidas por condiscípulos e camaradas da escola, dizendo palavras sem nexo, misturando o nome da vítima ao de pessoas da família e terminando por afirmar, já em casa e mostrando um revólver, que mataria o primeiro aluno da Escola que o injuriasse, suicidando-se depois; no dia 21 observa-se o mesmo estado de excitação e as mesmas ideias de assassinato, sem referência a pessoa determinada; enfim, na manhã de 22, dia do crime, M. da C., à testemunha, que o procura para convidá-lo a sair, dirige palavras grosseiras e obscenas, em seguida chora, pede perdão, mostra-se aflito e, abandonando o leito, declara ter passado mal a noite e sentir a necessidade de procurar o campo como distração ao seu estado. É depois disto que se encontra, poucos minutos antes do crime, com o cabo Pereira numa loja de bebidas [de] que era frequentador. § Entregar-se-ia a libações alcoólicas? É provável que sim, porque uma

testemunha afirma que depois do crime, o arguido cheira a vinho. §
Como quer que seja a agressão realizou-se à distância da loja de bebidas,
tendo saído daí até ao largo do Mitelo, agressor e agredido, caminhos
diferentes (*cit.* Ribeiro, 1887, pp.13-4).

Suspeitando-se de um episódio de alienação mental, realiza-se, por
requerimento da defesa, o exame das faculdades mentais de Marinho da
Cruz.[74] Vários são os elementos colhidos que darão prova da alienação
mental de Marinho da Cruz. Destacam-se aí os depoimentos das testemunhas de acusação e de defesa.

Entre os testemunhos de acusação, que podemos recolher das peças
do processo reunidas por Tomás Ribeiro (1887, pp. 21-4), refira-se, por
exemplo, o de um tal Joaquim Torquato Franco, «empregado em obras
públicas» (*id.*, p. 21). Este homem dirá que Marinho da Cruz, tido por si
«na conta de bem comportado e incapaz de ofender pessoa alguma»,
começou, dois meses antes do crime, a registar significativas alterações
de comportamento que teriam por razão maior um conjunto de calúnias
que lhe eram dirigidas (inconfessáveis acusações de práticas homossexuais), a que se juntava o consumo desenfreado de bebidas alcoólicas
(*cit. id.*, pp. 21-2). Outra testemunha de acusação, o tenente José Joaquim
Torres, terá dito que «notou no réu tal excitação que lhe pareceu sofrer
o réu algum desarranjo mental» (*cit. id.*, p. 24).

Por seu turno, entre as testemunhas de defesa, «inquiridas por depre-
cada em Portalegre e no Porto» (*id.*, pp. 24-8), destaca-se o depoimento
de Mariana José Madeira. Esta mulher terá afirmado que, conhecendo
o réu de perto, viu e presenciou a ocorrência de «repetidos ataques
de nervos, violentos, em que o réu se fazia roxo, rasgando o rosto e
rompendo o fato, que ela [...] algumas vezes concertou», e que «tais
padecimentos do réu mais se agravaram depois da morte do irmão,

---

[74] Quando Marinho da Cruz é julgado os incidentes de alienação mental são regulados pelo
artigo 1182.º da *Novíssima Reforma Judiciária* (a partir daqui *NRJ*) (1841). Este artigo prescrevia
o seguinte: «Se durante a discussão da causa o réu se mostrar com os sentidos alienados, ou
perdidos, o juiz mandará proceder a exame por dois facultativos; e constando dele ser verdadeira a enfermidade, suspenderá a discussão até que o réu possa responder; verificando-se
porém ser fingido o acidente, progredirá na causa sem audiência do réu» (*NRJ* , 1841, p. 279).

tornando-o esse facto apreensivo e sombrio, chegando até às vezes a falar em ir ao cemitério desenterrar o morto para verificar se estava vivo, pois que dizia estar convencido que o dito seu irmão fora enterrado vivo» (*cit. id.*, p. 24). Outra mulher, Maria do Bom Sucesso, terá declarado:

[q]ue desde pequeno conhece o réu e que por isso sabe que ele desde a infância tem amiudadas vezes ataques nervosos, bastante fortes, a ponto de perder nessa ocasião o uso da razão e apoderar-se dele tal terror que desconfia que todos o querem maltratar e que durante essa excitação nervosa lhe aparecem umas nódoas roxas na cara e se desfigura de tal modo que parece um louco. § Que os padecimentos morais e as excitações nervosas do réu se agravaram bastante depois da morte de seu irmão de quem ele era muito amigo. § Que depois da morte do irmão, quando visitava os pais, se apoderava dele um tal terror que tinha medo de aparecer à janela, de tratar com diversas pessoas com o receio de que lhe fizessem mal e de quando em quando era dominado desse terror; que se agravava mais o seu estado nervoso a ponto de se rasgar e pretender agredir as pessoas que dele se acercavam, e fora deste estado era rapaz obediente e respeitador de seus pais e dotado de boa índole, tratando todos com afabilidade. § Que se recorda de o réu se apresentar um dia de manhã cedo em casa de seus pais, afim de lhe concederem licença para se abrir o jazigo onde estava o cadáver de seu irmão, porque queria ver como ele estava, pois desconfiava que lho tinham enterrado vivo; e este pedido foi apresentado em termos tais que todas as pessoas reconheceram que o réu estava dominado de uma ideia falsa, conhecendo-se também que a sua cabeça não estava boa pelos desatinos que praticava (*cit. id.*, pp. 27-8).

Neste sentido, a defesa alegou a irresponsabilidade de Marinho da Cruz. Procedeu-se então a exame da sua sanidade mental, para o qual foram destacados três «facultativos» (médicos não especialistas), um em nome da defesa, outro em nome da acusação, e outro que asseguraria o desempate. Estes dois últimos (acusação e desempate) eram médicos militares. Os médicos «declararam que precisavam de estudar o réu no

decurso de dois meses no hospital militar da Estrela» (*cit. id.*, *ibid.*).
Temos acesso, através dos documentos reunidos por Tomás Ribeiro,
aos quesitos e às respostas. As respostas dos dois médicos, o da defesa
e o da acusação, foram concordes, não sendo necessário recorrer ao
médico que poderia proceder ao desempate. Pronunciando-se pela insanidade de Marinho da Cruz - «*que é um degenerado hereditário, e padece
de epilepsia larvada*» (*cit. id.*, p. 29) -, os peritos não foram, porém, capazes de responder *claramente* a dois dos quesitos formulados. O 2.º
interrogava os peritos acerca do momento em que tinha sido executado
o crime, pedindo-lhes que dissessem se, durante tal momento, Marinho
da Cruz estaria «inteiramente privado da consciência do bem ou mal que
praticava», sendo a resposta:

> Não há dados para assegurar duma maneira positiva que no momento
> de praticar o homicídio, o arguido estava inteiramente privado da cons-
> ciência do bem ou do mal que praticava; há todavia dados certos para
> afirmar: 1.º que este indivíduo *padece de epilepsia larvada*; 2.º que é nesta
> forma de epilepsia que mais vezes se manifestam alterações mentais; 3.º
> *que o arguido é alcoólico*; 4.º que os hábitos alcoólicos são frequentes na
> epilepsia; 5.º que o alcoolismo desperta e agrava as manifestações mentais
> da epilepsia; 6.º que esta doença pode produzir impulsões fatais e irresis-
> tíveis; 7.º que fora do delírio epilético, o qual *implica a irresponsabilidade
> absoluta dos atos praticados*, os epiléticos apresentam moralmente um
> modo de ser especial e, na maior parte dos casos, uma ponderação e
> resistência moral enfraquecidas; 8.º que o degenerado hereditário é um
> ser antropologicamente inferior (*cit. id.*, pp. 29-30).

O 10.º solicitava aos peritos que se pronunciassem sobre «o grau de
imputação que deve atribuir-se ao indivíduo afetado dessa mesma molés-
tia no período de menos intensidade dela [os peritos haviam reconhecido
em resposta ao 6.º quesito que períodos de menor intensidade se sucediam
a outros de maior intensidade ou agudos]» (*cit. id.*, p. 30), interrogando
ainda se tal estado transitório de menor intensidade não seria de molde
a «atribuir-se-lhe responsabilidade pelos atos que então praticar» (*cit. id.*,

p. 31). A resposta foi breve e pouco conclusiva: «Conforme há ou não alterações nas suas faculdades mentais.» Tomás Ribeiro comenta:

> É visível que a duas perguntas, e essas essenciais, a que se referem os quesitos 2.º e 10.º, não houve resposta. § A questão está em saber se no momento de cometer o atentado o réu estava irresponsável ou até que ponto podia graduar-se a sua responsabilidade. Esta, repetimos, é a questão, e só esta. A defesa porém munida dum documento que supere esta lacuna [...] dará na íntegra o parecer que obteve[,] indubitável e peremtoriamente, de insignes alienistas portugueses (*id.*, p. 32).

Os escritos de Tomás Ribeiro interrompem-se subitamente aqui.[75] Cumpre-nos partir para outras paragens de forma a encontrarmos, pelo menos, o eco do parecer solicitado a «insignes alienistas portugueses». Quem foram eles e o que escreveram? Entre os documentos coligidos em *MLJ* acerca do caso, encontra-se o parecer dos alienistas (assinam os nossos conhecidos António Maria de Sena e Júlio de Matos) que dificilmente poderia ser menos ambíguo. O parecer prolonga-se por várias páginas e, pelo seu detalhe, é uma minuciosa figuração das caraterísticas mórbidas do incriminado. Desdobram-se vários momentos, em que se destaca o «Exame indireto» (descreve-se o crime e suas circunstâncias, destaca-se a relação de Marinho da Cruz com a vítima, faz-se um levantamento dos

---

[75] Uma das questões debatidas no caso Marinho da Cruz prendia-se com a responsabilidade absoluta ou relativa do réu. Em 1886, ano do crime de Marinho da Cruz, comentava-se em *O Mundo Legal e Judiciário* (a partir daqui *MLJ*) a questão da «responsabilidade parcial dos criminosos alienados» à luz de um conjunto de observações tecidas nesse mesmo ano por Benjamin Ball numa memória lida na Academia de Paris a 7 de setembro de 1886: «[O]s alienados – e são em grande número – que têm conservado uma parte considerável da sua fortuna intelectual, são por certo governados, em certa medida, pelos mesmos sentimentos, instintos e motivações que obedecem os outros homens. Esta é a razão porque, até certo ponto, e dentro de certos limites, se está no direito de aplicar-lhes o direito comum. Não existe por certo, *frenómetro* (segundo a engenhosa expressão de Falret) para medir o grau de responsabilidade que cabe a cada indivíduo. Como deve entender-se, pois, a responsabilidade parcial ou limitada? Não pode, evidentemente, aplicar-se aos indivíduos cuja inteligência, com lesão forte num ponto, conserva, sob outros aspetos, integridade. Em igual caso a responsabilidade só se refere aos pontos que ficam fora da ação deste delírio limitado» (*MLJ*, 10 de outubro de 1886, n.º 1, p. 19). Considerando os criminosos uma «raça de homens à parte», o comentador diz-nos, porém, que nem todos os criminosos seriam alienados, como pretendiam os mais lombrosianos (*id.*, p. 20).

«antecedentes hereditários» e da «história pregressa» do arguido), o «Exame direto» (descreve-se o estado somático e mental do arguido), e as conclusões periciais. Nestas escreve-se em três pontos que Marinho da Cruz é um *«degenerado hereditário*, da categoria dos *epiléticos larvados*, em quem ataques incompletos e crises impulsivas substituem os acessos francamente convulsivos ou eclâmticos, de que são os equivalentes mentais» (*MLJ,* 10 de fevereiro de 1888, p. 580).

Acrescenta-se que: «O crime de que é arguido foi praticado sob influência de uma dessas crises e representa o efeito de um impulso mórbido, irresistível e inconsciente, que o constitui *absolutamente irresponsável* [...]» (*id., ibid.*). E, finalmente, diz-se no mesmo lugar: «Sendo um doente extremamente perigoso à ordem social e que, ao mesmo tempo, carece de um tratamento médico contínuo e ativo, deve ser entregue à autoridade competente, para que esta promova sem perda de tempo a sua admissão de ofício num hospital de alienados» (*id., ibid.*).

Neste julgamento, que decorreu durante os meses de junho e julho de 1887, Marinho da Cruz foi, em sede do 1.º Conselho de Guerra Permanente (tribunal militar), dado como irresponsável.[76] Porém, num volte face jurídico, e após recurso interposto pelo promotor de justiça Morais Sarmento ao Tribunal Superior de Guerra e Marinha, é de novo julgado em agosto de 1888. Responsabilizado aí pelo crime é condenado a pena de prisão celular por oito anos e degredo por 20 anos nos termos do código penal ordinário.[77]

---

[76] Para se aceder a uma detalhada notícia deste primeiro julgamento, ver as edições do *DN* dos dias 6 e 7 de julho de 1887 (sempre na p.1). Escrevia-se na edição do dia 7 de julho do *DN*: «Propostos os necessários quesitos, o conselho de guerra respondendo pela forma indicada no artigo 351.º do Código de Justiça Militar declarou achar-se provado o *facto* de que o réu é arguido com as circunstâncias constantes dos mesmos quesitos, mas que não era por lei sujeito a pena alguma, dando também como provada a circunstância desse facto ter sido praticado pelo réu no estado de loucura, respostas estas que foram dadas por maioria [...]». Esta primeira sentença foi lida na sala de sessões do 1.º conselho de guerra a 6 de julho de 1887 por volta das cinco horas da manhã (ver, a este propósito, *DN*, 7 de julho de 1887, quinta-feira, p.1).

[77] Ver artigos 349.º e 351.º do Código Penal de 1886 (1886a, 1886b). A 5 de agosto de 1888, o *Democracia Portuguesa* (a partir daqui *DP*) noticiava a leitura da sentença nos seguintes termos: «Foi condenado o Marinho da Cruz, ontem pela meia-noite, a oito anos de prisão maior celular e vinte e tantos de degredo em possessão de 1.º classe» (p.1). O advogado de defesa, Tomás Ribeiro, recorreu da sentença, mas não foi possível dar um outro desenlace ao drama de Marinho da Cruz. A 25 de agosto a decisão era confirmada.

A primeira decisão havia sido recebida com enorme celeuma, ao ponto de um jurista da Universidade de Coimbra, Bernardo Lucas, se insurgir contra aqueles que punham em causa a autoridade dos peritos e o teor da decisão, a saber, a irresponsabilidade de Marinho. Lucas (1887) faz a defesa da irresponsabilidade do réu num conjunto de estudos que publica (em cima do acontecimento) sobre a loucura e a lei penal. A segunda decisão iria ser proferida no refluxo da polémica, destacando-se aí as vozes compadecidas de Silva Pinto e de Camilo Castelo Branco. Na sua carta aberta ao príncipe regente D. Carlos, que será um verdadeiro êxito editorial[78], escreve Silva Pinto:

> As vaias sucederam-se aos protestos, retórica indignada dos fariseus estrondeando à volta do tribunal, o cinismo confesso de mil galeotes embrionários lançando à conta do cinismo a apatia do *criminoso*, as injúrias cuspidas sobre o defensor, a lealdade e a probidade dos alienistas insultadas e difamadas pela escória da declamação, e os exemplos de uns soldados assassinos condenados sem prévio exame de alienistas, opostos ao caso de hoje – como se as nulidades atrozes dos processos de ontem pudessem justificar a sua atrocíssima reprodução no caso de Marinho da Cruz! (1888, p. 9).

Camilo, como resposta a uma carta do alferes, virá a endereçar a este uma pungente missiva em que aproxima o seu drama pessoal ao de Marinho. Camilo encontrava-se condenado à cegueira e próximo do desenlace fatídico com que haveria de fazer coroar o seu destino trágico:

Fez-se novo recurso. Sem efeito. A 30 agosto de 1888, o *DP* noticiava: «O Tribunal Superior de Guerra e Marinha indeferiu o requerimento apresentado pelo defensor do réu, pedindo que lhe tomasse termo de recurso de revista, - e mandando que se execute a sentença» (p.1). Ver ainda notícia do *DN* de 26 de agosto de 1888 (p.1). Para um acesso direto ao acórdão do Tribunal Superior de Guerra e Marinha, consultar processo individual de Marinho da Cruz junto do Arquivo Geral do Exército (caixa 957, n°. 579).

[78] Em *DP* escrevia-se a 11 de agosto de 1888 que: «Às 8 horas da noite de ontem tinham-se vendido nas ruas de Lisboa *mil e setecentos exemplares* da carta do nosso colega» (p.1.). De assinalar que a carta tinha sido distribuída no dia 10 de agosto, o que indicia também o impacto que o caso de Marinho da Cruz teve na opinião pública portuguesa de então.

Ex.ᵐᵒ Sr. Marinho da Cruz. § Em um dos três dias que estive em Lisboa, sob o exame de especialistas que assistem aos condenados à cegueira irremediável, recebi de v. ex.ª uma carta dolorosíssima. Não lhe respondi, porque só agora, com os olhos torturados, o posso fazer por mão estranha. Penaliza-me o receio de que v. ex.ª. me imaginasse tão insensível à sua desgraça como tem sido cruel e acerba a desumanidade de alguns que têm vertido nas chagas que a natureza abriu na alma de v. ex.ª. o fel de um rancor implacável. § Eu sou dos que deploram com vergonha que uns homens a quem Deus concedeu cérebro e coração constituídos ao trabalho harmónico que faz a felicidade da existência, se ergam inexoráveis contra aqueles que vieram a este mundo mutilados nas suas faculdades. V. ex.ª faz-me uma grande compaixão; faz vontade de pedir a Deus que o resgate desta vida que lhe foi um inferno; mas na sua situação comovo-me até às lágrimas, quando vejo que se pede o seu castigo como se pediria a condenação de um cego por ele não ver a luz. § Tenha esperanças. A palavra salvadora de Tomás Ribeiro deve fazer relâmpagos na consciência humana. V. ex.ª será salvo por ele, e para honra dos que hão-de julgá-lo com a razão e a misericórdia. De v. ex.ª § O mais inútil respeitador dos seus infortúnios § *Camilo Castelo Branco.* § S. Miguel de Seide, 12 de dezembro de 1887 (*cit. id.*, p. 14).[79]

Pela mesma altura, em a *Correspondência de Coimbra*, surgirá a seguinte notícia:

> Foi condenado a prisão celular e a degredo o alferes Marinho da Cruz, que assassinou o cabo Pereira, há dois anos. § Algumas sumidades médicas, como o dr. Sena, como o dr. Marcelino Craveiro, como o dr. Júlio de Matos, disseram que o desgraçado era doido, e portanto *irresponsável*. Um júri de militares disse que não, e Marinho da Cruz foi condenado. § No fim de tudo, quem tem a culpa *dum absurdo como este, de em questões científicas prevalecer a opinião dos militares à dos homens de*

---

[79] Testemunho da relação de amizade entre Camilo e o advogado de defesa de Marinho da Cruz, Tomás Ribeiro, é a correspondência do primeiro para o segundo (Figueiredo, 2001 [1922]).

ciência, é a lei. Pois reformem-na, pois que *se há sentença de que não deve haver apelação nem agravo, é a dos homens de ciência*. § Tomás Ribeiro, que foi a providência do infeliz, apelou do *veredictum*. No seu coração de poeta ainda se reflete um raio de esperança (*cit. id., ibid.*).

Anos depois, o caso Marinho da Cruz passa a *fazer parte integrante do cânone da psiquiatria forense portuguesa*, e é isso que me interessa destacar no presente contexto.

E como exemplo de quê? Fundamentalmente, como exemplo do *malogro da justiça*. Uma justiça incapaz de fazer ancorar as suas decisões na nova ordem científica protagonizada pela psiquiatria. Uma ordem epistemológico-jurídica que só viria a instalar-se definitivamente alguns anos depois (já na década de noventa do século XIX, como veremos). Assim, se recorrermos ao que Júlio de Matos, um dos peritos implicados diretamente no processo, virá a escrever mais tarde em *A loucura* (1913), «o caso Marinho da Cruz» passa a ser emblemático do «conflito» que opunha dois modelos de justiça, um que se fazia escorar em conceções de responsabilidade e de penalidade sem qualquer fundamento científico, e outro que se suportaria na ciência. Matos (*id.*, pp. 454-5), situando o caso neste contexto, virá a retomar as suas conclusões periciais, aventando aí tratar-se Marinho da Cruz de um filho e irmão de degenerados, e «sob o ponto de vista da antropologia um ser inferior, assimétrico, de crânio mal conformado e de fisionomia criminal» (*id.*, p. 455), acrescentando ainda na sua aproximação ao crime de que aquele tinha sido acusado:

> Pelo que respeita ao ato arguido, homicídio de um antigo amante que o repudiara, nenhuma dúvida deixam os documentos testemunhais de que ele foi precedido, acompanhado e sucedido dos sintomas próprios de equivalente psico-epilético simples. § Preso e conduzido ao cárcere militar, onde o visitámos pouco tempo antes do julgamento, Marinho da Cruz não cessou de manifestar a respeito do seu crime aquela ausência de sincero remorso e aquela desdenhosa indiferença que são atributos constantes dos loucos morais. [...] Antes de nós dois

distintos clínicos não alienistas, oficialmente nomeados para procederem ao exame de Marinho da Cruz, tinham também chegado por uma demorada observação direta de meses ao diagnóstico de *epilepsia fruste*, afirmando ao mesmo tempo no arguido um *notável enfraquecimento* dos atributos morais de *ponderação* e *resistência*. § Conformando-se com estes pareceres, o júri militar absolveu o réu. Anulando, porém, o processo, não sei por que motivo de ordem jurídica, deu-se um segundo julgamento, e aí o novo júri, pondo de parte as afirmações da ciência, condenou o arguido com aplauso galhofeiro da imprensa, que achara muito pitoresca a designação de *epilepsia larvada*, a seu ver criada por nós, e muitíssimo divertida a proposta do advogado defensor para que fossem ouvidos sobre o caso alienistas notáveis de todos os países. § Não se ouviram oficialmente esses homens competentes; entretanto, uma carta de Lombroso, dirigida ao sr. Bernardo Lucas e lida no tribunal pela defesa, continha estas palavras, que pela sua superior origem são para nós, psiquiatras, mais do que uma compensação a todas as agressões da ignorância e da má fé: *Estou plenamente convencido de que Marinho da Cruz é um dos mais acentuados tipos da epilepsia larvada, como era Misdea* (id., pp. 456-7).[80]

Assim, Marinho terá sido condenado indevidamente. Mas a autoridade da ciência, apesar de vilipendiada publicamente, não foi posta em causa, como o atestaria um testemunho de Lombroso lido em tribunal em que este, ao atestar que Marinho da Cruz era «um dos mais acentuados tipos de epilepsia larvada», reparava, segundo Matos, a honorabilidade técnica dos peritos ofendidos pelas «agressões da ignorância e da má fé».[81]

---

[80] Misdea fora um soldado que assassinara um oficial vindo a ser considerado por Lombroso como um «epilético» afetado por uma «hereditariedade viciosa» (Ferri, 1911; *cit.* Gould, 1981, p. 136).

[81] Basílio Freire escreverá em *MLJ* em 10 de fevereiro de 1890 (p.341), dois anos volvidos sobre o desenlace do caso, acerca do seu «desgosto» em relação à «recetividade intelectual da pátria perante as conceções grandiosas da criminologia moderna», aventando que o malogro da justiça no caso Marinho da Cruz corresponderia a «um começo de perseguição» dos peritos forenses.

O que é interessante indagar aqui é o contraste que este caso polémico faz com um outro não menos polémico e que lhe sucede em alguns
anos, e sobre o qual já me debrucei anteriormente num contexto de
discussão diferente. Refiro-me ao caso Josefa Greno.

Entre o caso Josefa Greno e o caso Marinho da Cruz, decorre um intervalo temporal que assume, para nós, decisiva importância.

Como vimos, Josefa Greno descarregou um revólver sobre o seu
marido, Adolfo Greno, entre as 4 e as 5 horas da manhã do dia 26 de
junho de 1901 em Lisboa. É importante tentarmos perceber o sentido
da reação «a quente» ao crime. Nada melhor que seguirmos o seu
vestígio na imprensa da época através de um jornal de enorme difusão nacional, de modo a perceber como é que tal acontecimento terá
sido marginado pela perceção pública. Recorro novamente ao *DN*.
Desta vez de quinta-feira, 27 de junho de 1901, isto é, do dia seguinte ao do crime. Sob o título «Uma alucinação[,] Mulher que mata o
marido – dois artistas perdidos», podemos encontrar aí plasmado o
seguinte:

> Na madrugada de ontem deu-se em Lisboa uma tragédia sanguino-
> lenta que emocionou a capital. [...] As personagens desta desvairada
> tragédia são: Adolfo César de Medeiros Greno, «o pintor Greno», a ví-
> tima[,] e Josefa Greno, «a pintora Greno», a criminosa. § Sem de forma
> alguma entrarmos na vida íntima dos personagens que figuram neste
> drama familiar, pois não é essa a nossa missão, devemos entretanto
> fazer algumas rápidas considerações sobre o caso tristíssimo que abai-
> xo passamos a descrever aos nossos leitores. § Não resta dúvida que
> a mulher, esse ser que reúne em si todos os encantos que o Criador
> soube englobar para a perfeição desse ente, tem caprichos violentos,
> enfermidades incuráveis, sentimentos deturpados muitas vezes por uma
> organização defeituosa, ambições desmedidas, preocupações terríveis e
> aberrações de espírito inimagináveis. § Se o seu coração muitas vezes
> transborda de carinho e de afeto; se a sua alma se dedica às mais ine-
> fáveis consolações; se o seu espírito se compraz nos mais dedicados
> sacrifícios; muitas vezes também a sua mente desvaira em complicadas

cogitações, perdendo-se por fim no negro duríssimo do crime! § É o ciúme? É a ambição? São as fantasiosas imagens que no seu espírito débil se manifestam? § Insondável mistério, indefinível preocupação que nunca ninguém ainda soube explicar por uma forma convincente, de uma maneira razoável. § Poderá por acaso o talento ser irmão gémeo da loucura? § Talvez nestes casos esteja a lamentável autora do crime que vamos descrever (p.1).

O artigo (tal como os que se lhe seguem) desenrola assim um conjunto de considerações acerca da personalidade da vítima, Adolfo Greno, e da criminosa, Josefa Greno. O que é de destacar, é, em primeiro lugar, *a ausência de sentido ou inteligibilidade no crime*, e, em segundo, correlativamente, a *diferença moral* que estabelece entre os dois: Adolfo, o homem *com* qualidades, e Josefa, a mulher *sem* qualidades, a mulher que incorpora em si o lado perigoso da sua condição, o que se traduz na sua loucura, a «nuvem negra» que toldou a «tranquilidade conjugal» (*id.*, *ibid.*). Sintomático disso mesmo são as transcrições de supostos diálogos estabelecidos com Josefa:

> Por uma deferência muito especial do sr. conselheiro Veiga, ilustre juiz de instrução criminal, foi-nos permitido ter uma rápida entrevista com a criminosa. § Em duas palavras reproduzimos o que ela nos contou: § - Foi então uma grande fatalidade? perguntamos. § - Ou ele ou eu tinha que morrer. Há dois meses já eu o quis matar mas falhou!... § - Porquê? – Ora porquê... eu sei lá... ele gastava tudo. § - Mas a senhora comprou um revólver por 18 000 reis há meses e tem na sua carteira bastante dinheiro? § - Também comprei ontem outro revólver por 9 000 reis. § - Pode dizer-nos o motivo da sua alucinação? § - Não sei... ele não me queria... tinha outra... gastava tudo. § - Mas a sua casa tem conforto, o seu marido levava-a muitas vezes ao estrangeiro, aos teatros, e ainda não há muitos dias que nós a encontrámos com o seu esposo na exposição de Belas Artes... § - Ao teatro não podia já ir com ele; não o podia ver... § - Porquê? § - Não sei... São coisas íntimas... (*id.*, *ibid.*).

A polícia remeteu ontem mesmo às três horas e meia da tarde para o 3.º distrito criminal a pintora Josefa Greno com a respetiva participação e o revólver contendo ainda uma carga. § No interrogatório, a que foi logo submetida, respondeu com dificuldade algumas vezes, parecendo desmemoriada. § Confessou tudo, acrescentando que tinha muita pena do que fizera, mas que um dos dois havia de morrer, ou ela ou o seu marido. § - Porque foi que o matou? Era mau homem? § - Fazia-me sofrer muito, muito! Era dos tais que não ralham, mas fazem o que querem. § - Que lhe fazia ele? § - Muitas coisas, muitas. Era um desequilibrado. Gastava tudo quanto eu ganhava – 125 000 reis por mês, e deixava-me sem cinco reis, sem ter que vestir. Se fosse só isso! § - Gostava muito dele? § - Se gostava, Dios mio! Por ele me fiz artista. Nunca fiz outra coisa que pintar, pintar, pintar sempre! (*com desalento*) Esta foi a minha última pintura! § - Está arrependida? § - Muito, muito! § - Mas então não o matasse! § - Matei, porque uma mulher também tem os seus direitos (*id., ibid.*).

O tom é quase sempre este. Uma mulher que reclama o seu sofrimento perante a incompreensão daqueles que a rodeiam. A constante referência à irracionalidade do gesto e, paralelamente, à sua loucura. Por contraste, a reiterada perseguição das qualidades artísticas e morais do pintor Greno, que se desdobram em observações soltas ou em testemunhos em discurso indireto, como ilustra a referência atribuída à vizinhança, de Adolfo ser, ao contrário da sua mulher, «homem muito sério e bondoso» (*id., ibid.*).

Diferenças de género ou o estatuto dos «crimes de paixão» *fin-de--siècle*, exigirão legítimas manobras interpretativas em qualquer esforço de análise histórica do caso de Josefa Greno.[82] Mas não é isso que me move aqui.

---

[82] Como o seriam também no caso de Marinho da Cruz. Este com um ingrediente adicional, a homossexualidade, que, como podemos apreciar pela notícia atrás citada, é tratada com manifesto pudor. Sobre os crimes de paixão na transição do século XIX e sua relação com as variáveis de género, ver Ruth Harris (1989, pp. 208-42 e pp. 285-320).

A história do «crime da Travessa de S. Mamede» fará sensação nas páginas da imprensa durante um longo período ainda, mas o que destacaria é tão-só a suspeita de se tratar de um crime cometido por alguém que sofria de uma forma de alienação mental (uma suspeita que começa por permear as atribuições de senso comum acerca do acontecimento, gravitando em seguida para o terreno das instituições forenses).[83] Assim, por exemplo, e de forma a consolidar isto, voltaria a citar o *DN* de 28 de junho de 1901:

> Foi ontem de novo chamada a perguntas a pintora D. Josefa Greno, não só porque o sr. conselheiro Pina Calado, digno juiz do 3.º distrito, desejava completar o interrogatório, mas também para formar um juízo mais seguro acerca do estado intelectual da acusada, visto haver suspeitas a tal respeito e ser conveniente conhecer das causas que as justifiquem. E foi por isso que o digno magistrado deixou passar 24 horas sobre os primeiros interrogatórios para que esta descansasse e estivesse mais tranquila, livre da exaltação de momento, que ainda a dominava quando a remeteram para o tribunal. § Mas, se essa exaltação diminuiu um pouco, o abatimento geral é ainda mais profundo, pois que caminha com grande dificuldade, mantendo-se a custo de pé e solta profundos lamentos. O seu aspeto inspira terror e compaixão. § A justiça, obedecendo ao desejo de evitar qualquer opinião antecipada acerca do estado intelectual de D. Josefa Greno, que muito pode prejudicar o andamento do processo, mantém a maior reserva acerca das declarações que ela ontem fez. O que não pode, porém, é ocultar a impressão recebida, que certamente se traduzirá mais tarde em factos, quando o ministério público ou qualquer advogado tenham de intervir no processo e de fazer observar o que a lei determina, em tais casos, quando há dúvidas acerca do estado mental dos acusados (p.1).

---

[83] Tal como, de outro modo, já acontecera para o caso de Marinho da Cruz. Recorde-se a perceção, no fragmento do *DN* que citei a propósito de Marinho, de se estar perante um crime que só teria por «atenuante» a loucura do agente.

Caminhar-se-ia pois das impressões para os factos. E algum meses depois, esse percurso (seguido avidamente pelo público) era noticiado:

> **O crime da Travessa de S. Mamede § Mulher que mata o marido – Uma irresponsável.** § A justiça recebeu ontem o relatório médico--legal do exame a que os distintos médicos srs. drs. Silva Amado, Miguel Bombarda e Sousa Valadares, procederam em D. Josefa Greno, há três meses e meio internada no hospital de Rilhafoles e aí submetida à mais rigorosa observação, da qual se concluiu que ela é uma irresponsável, uma louca, tendo sido o crime consequência dessa loucura, que a faz julgar-se a si própria como um simples instrumento da justiça divina, que lhe armou o braço a ela, tão virtuosa, tão honesta e santa, contra seu marido, tão mau, tão cheio de vícios, que a martirizava horrivelmente, a ponto de ameaçá-la com uma faca de pau. § E foi essa inspiração divina que a levou a assassinar o marido, sem lhe ficarem remorsos nem saudades. E porquê, se ele era tão mau? § Uma inconsciente, que nem mesmo conhece as responsabilidades do ato praticado, ato que ela atribui a uma inspiração divina. Uma paranóica, conforme a classificaram no relatório a que nos vimos referindo. § Desse largo relatório, que ocupa 21 páginas, vamos transcrever os pontos mais importantes e que mais podem elucidar os nossos leitores (*DN*, 16 de outubro de 1901, p.1).

Segue-se uma síntese dos principais pontos do relatório. Finalmente, transcrevem-se as conclusões do mesmo, tecendo-se alguns comentários finais:

> - Não temos, pois, - termina o relatório – senão que mais uma vez afirmar que Josefa Garcia Greno está doida e que o crime de que é acusada é fruto imediato da sua doença mental. § Em virtude das terminantes conclusões do relatório, o processo vai com vista ao representante do ministério público para requerer que seja arquivado, devendo Josefa Greno conservar-se internada no hospital de Rilhafoles, donde só poderá sair quando se comprove a sua cura completa, ou

quando pela sua idade ou perda de forças possa ser julgada inofensiva. § É a lei que o diz (*id*., *ibid*.).

«É a lei que o diz». Algo acontecera entre os anos de 1888 (quando Marinho da Cruz é julgado pela segunda vez e responsabilizado) e o ano de 1901 (quando Josefa Greno é irresponsabilizada pelo homicídio do seu marido). Algo acontecera sob o ponto de vista penal e processual. Algo que, se não evitava a turbulência e a especulação pública em torno dos crimes em que se pretextava a alienação mental dos réus, a diluía numa moldura formal que havia entretanto sido paulatinamente construída. Mas é necessário acrescentar antes elementos adicionais acerca da natureza desta turbulência.

O que é manifesto é a eficácia que detém aqui, em ambos os casos médico-legais, o senso comum na produção da suspeita acerca da eventual loucura do agente.

Gostaria de chamar a atenção para dois dados que mutuamente se reforçam: a *irracionalidade da ação* (que será depois sintoma ou efeito contingente da irracionalidade do agente), e a *suspeita de insanidade mental do sujeito da ação*.

Estamos perante ideias de *senso comum* sobre a loucura.

A questão que se me coloca aqui tem a ver com um dado que parece estar presente em todos os pareceres médico-forenses sobre os quais me debrucei (de que são exemplos canónicos os casos de Marinho da Cruz e de Josefa Greno): *as atribuições sobre a natureza da ação e do sujeito da ação extravasam as práticas e atribuições de especialistas*: fazem inscrever nos seus discursos proposições de senso comum e codificações públicas das ações e dos sujeitos que as praticam. A sua autoridade discursiva radica a montante numa apreciação das condições testemunhais em que a ação e as circunstâncias da ação ocorreram. Condições testemunhais que fazem apelo a uma narrativa de efeitos morais decisivos para a compreensão do que se passou. Uma narrativa de senso comum acerca do bem e do mal. Acerca das possibilidades morais em que uma ação detém uma inteligibilidade ou simplesmente a compromete.

A ausência de inteligibilidade de um crime não estará, apenas, na ausência de móbil, mas, também, ou tão-só, como o demonstra o caso de Marinho da Cruz, na exorbitante violência do crime, como se a partir de um limiar invisível, um dado crime pudesse ser descrito como ilegível, totalmente irracional, sem possibilidade de codificação cultural apreciável. É isso que se traduz nas palavras de um observador da época, Bernardo Lucas, quando, reportando-se aos acontecimentos de 22 de abril de 1886, escreve:

> Marinho da Cruz entrou no estanco das Marianas, no largo do Mitelo, quando o cabo Pereira aí estava lendo um jornal. Este, ao ver aquele indivíduo, retirou-se. Pouco depois Marinho da Cruz atravessava o largo em direção à rua da Bempostinha, mas, tendo caminhado algum tempo, reconsiderou, e voltando sobre a esquerda seguiu para a escola do exército, indo alcançar o cabo Pereira perto da capela da Bemposta. Foi então que lhe deu os tiros. § Em face desta narração pode dizer-se que o crime de Marinho da Cruz foi instantâneo? Não. Aproveitará ao réu a excitação repentina [...] produzida pela vista de uma pessoa odiada? Não seremos nós que o sustentaremos. § De que o crime foi praticado com barbaridade, não resta dúvida. Caída a vítima com um tiro de revólver, que lhe foi dado na cabeça pela retaguarda, o assassino, curvando-se, disparou-lhe mais dois tiros no crânio (1887, pp. 207-8).

Como se a «barbaridade» de um crime solicitasse da comunidade uma resposta de outra natureza, que se constitui no confronto com um vazio de sentido, ou como se o gesto classificado como violento absorvesse toda a possibilidade «normal» de resgate e compreensão e se instaurasse enquanto gesto «excecional» que exige uma resposta excecional também.

A constituição da ação e do sujeito da ação como objetos de um discurso (o discurso psicopatológico) surge deste caudal de atribuições. Tal constituição começa por surgir deste magma de atribuições estruturadas por exigências que não têm por desígnio primeiro a verdade, mas, tão-só, a *reparação* do pano de fundo moral em que se reiteram regras de relação que *discriminam*, no seu exercício quotidiano, o bem e o mal, o certo e o incerto, o previsível e o imprevisível, a humanidade e a bestialidade, em suma, a usar uma dicotomia clássica, a cultura e a natureza.

E discriminar não é supor que o bem e o mal, o certo e o incerto, o previsível e o imprevisível, a humanidade e a bestialidade, a cultura e a natureza se enquadram em planos distintos de realidade. Discriminar faz supor que estes planos se enraízam um no outro, se inscrevem um no outro. Se inscrevem *perigosamente* um no outro. E por isso exigem uma constante e reparadora discriminação. O perigo está na possibilidade sempre presente de um evento (imprevisto e até certo ponto ilegível) exigir um *trabalho cultural* acrescido de discriminação do que antes permanecia indiscriminado.

Parto, pois, do princípio de que ao falar de atribuições de senso comum no presente contexto estou a falar de *regras* que definem a relação dos humanos com o mundo natural e social, regras essas que são em larga medida invisíveis (tornando-se retrospetivamente visíveis e eventualmente codificáveis). Falo de regras que têm de ser constantemente reavaliadas e que definem o humano e, por discriminação retrospetiva e canónica, o inumano.[84]

A presença destas regras (na sua dimensão retrospetiva e canónica) é uma constante nos *casos médico-forenses*. Dir-se-ia que, contrariamente àquilo que poderíamos talvez supor (justamente porque se trata de um espaço em que a *verdade* jamais se deveria confundir com a *virtude*), tais regras, no seu heterogéneo recorte relacional, são constantemente enfatizadas pelos discursos que o dispositivo médico-legal produziu. Elas não são, num primeiro plano, um obstáculo à verdade. Elas são antes a condição prévia sem a qual não é possível constituir um discurso de verdade acerca da natureza humana. Porque é precisamente disto que se trata: *uma passagem das ordens da virtude para as ordens da verdade*, um discurso naturalizador acerca da possibilidade de constituição de um mundo humano, logo virtuoso, logo moral.

---

[84] O «senso comum» é aqui entendido como um conjunto de premissas e valências culturais que, pesem embora o seu significado cultural e a sua eficácia no quotidiano, se revela, para a ciência, como anti-científico ou destituído de qualquer alcance explicativo. De alguma forma, a expressão senso comum é, para a ciência, comensurável com a expressão «ideologia», entendida esta como uma forma de relação distorcida com a realidade.

E digo num primeiro plano porque, a partir de um determinado ponto, as atribuições de senso comum se tornam um obstáculo à possibilidade de um discurso de verdade acerca da natureza humana. Um obstáculo que conduzirá a uma luta em nome da verdade e da sua evidência travada pelos especialistas. *Convergência e divergência, pois, entre virtude e verdade, senso comum e saber.*

As circunstâncias da ação e do sujeito da ação obedecem a uma avaliação ou inteligibilidade *prévia* ao dispositivo institucional que as irá marginar. Estamos perante aquilo a que Foucault (2002, p. 45) chama de «primeiras superfícies de emergência», ou seja, *loci* em que ocorre, previamente, a suspeita, em que se destaca a família ou a comunidade de pertença do suspeito de alienação mental.[85]

A psiquiatria irá responder à exortação dos leigos. A exortação dos leigos pode ser lida nos primeiros relatos de um crime feito em folhas de jornal, por exemplo. O crime não detém inteligibilidade óbvia. O crime é a manifestação de uma ordem irracional que se esconde algures. Onde? No *sujeito*, no sujeito do crime, perante o qual o *crime*, enquanto ação da qual se quer fazer ressarcir a comunidade, passa a ser relativamente descartável.

Em folhas de jornal podemos também atestar a dinâmica que se instala entre leigos e especialistas. Assim, se Marinho da Cruz e Josefa Greno são desde o início emanações dessa irracionalidade que se faz perigosamente inscrever no tecido social, como o validam os testemunhos jornalísticos e as vozes que terão tido um significado processual importante, eles, Marinho e Josefa, chegarão ambos a aceder, através dos saberes psiquiátricos, antropológicos e jurídicos, a uma nitidez classificatória que fará luz sobre a sua tragédia. A dialética entre formas de conhecimento a que podemos assistir através dos desenvolvimentos processuais (de que os jornais nos dão um testemunho muito detalhado)

---

[85] Se quisermos definir a psicopatologia (e em particular a psicopatologia forense) enquanto objeto discursivo – na assunção de que os discursos constituem os objetos dos quais falam (o que para qualquer investigador que se debruce sobre materiais documentais e de arquivo adquire uma dimensão insolitamente «realista») -, devemos, segundo Foucault, mapear tais superfícies de emergência.

recorda-nos aquilo a que o filósofo e historiador da ciência Ian Hacking (1995, p. 21) designa de «*the looping effect of human kinds*», isto é «pessoas classificadas de um certo modo tendem a conformar-se a ou a crescer nos modos em que são descritas», salvaguardando-se, também, como Hacking defende no mesmo lugar, que as pessoas, evoluindo de um modo que lhes é próprio, determinam também os modos de as classificar.[86] Trata-se de um processo de *feedback*, de alimentação recíproca, contínua e, em inúmeros aspetos, historicamente contingente. (*Não há fronteiras entre senso comum e conhecimento científico que não sejam mutuamente constitutivas e tendencialmente fluidas.*) Podemos assistir a este processo de *mútua alimentação* no que diz respeito aos processos classificatórios em curso na atribuição da loucura através do modo como a loucura ou a insanidade ou a alienação (a reiterar algumas das designações caras ao *fin-de-siècle*), são «moldadas por baixo», como diria provavelmente Roy Porter (*cit*. Eigen, 1995, p. 58), ou afluem em superfícies de emergência para se inscreverem na solução técnica e interpretativa da ciência. Quer no caso Marinho da Cruz, quer no caso Josefa Greno, a suspeita é equacionada «a quente» pelos observadores leigos que as folhas de jornal atrás citadas fazem entrar em cena.

Mas é interessante assistir ao modo como isto virá a exigir uma resposta técnica, e como essa resposta vai moldar tudo o que se lhe segue e, solicitar também (e este aspeto é aqui decisivo) linhas de clivagem fortíssimas entre leigos e especialistas (a relação entre estes é assim

---

[86] Este aspeto vem comprometer também, e seriamente, a obliteração da agência em que se fundam as teorizações foucauldianas acerca do poder e do cárcere do poder. Se quisermos, Hacking dá espaço à circunstância, à indeterminação e à apropriação em que se desdobram as ações humanas. Dizer, como afirmei atrás, que o meu estudo tem pessoas lá dentro (tal como o de Jan Goldstein [2001], por exemplo) é afinal reafirmar a importância de se equacionar não apenas o modo como as instâncias classificatórias criam os sujeitos dos quais falam, mas também apelar para a *singularidade* que se faz inscrever nos exemplos empíricos (estudos de caso, ou melhor, *meta*-estudos de caso, porque se trata de apoiar a argumentação em estudos de caso já constituídos pela psiquiatria forense). Uma singularidade que não pode ser simplesmente expurgada sob o efeito de uma preocupação estrutural ou sistémica, e que depende não apenas do modo como os sujeitos moldam tais sistemas classificatórios (o problema da ação), como da indeterminação e abertura que se faz inscrever nessa dialética entre sistemas/estruturas e ações. Reafirmar a importância disto não é deslindá-la enquanto problema teórico. O meu trabalho não tem, evidentemente, tal pretensão.

pautada por tensões e recursividades que não podem ser compreendidas à luz de uma leitura que não tenha em conta a dinâmica e também a ambiguidade que daí emerge). Em ambos os casos aqui apresentados, é a perceção pública de que se trata de crimes que têm por razão profunda a desrazão, que move os peritos e que exige a sua legitimidade técnica. A ausência de racionalidade (ilegibilidade, violência) de um crime potencia e solicita uma resposta técnica. Porém, esta exortação de leigos, cuja recorrência se pode avaliar através da imprensa da época, não é feita sem uma espécie de *turvação*.

Dir-se-ia que não é específico da modernidade (e em particular da modernidade jurídica e científica) a suspensão de um juízo acerca do valor das ações de alguém (e em particular das ações concetualizadas como ações criminosas) tendo por hipótese a desrazão ou loucura do agente. Foucault refere-o magistralmente na sua *História da loucura na Idade Clássica* (*e.g.*, 1999, pp. 125-33). Ela é *prévia* à sua ventura técnica e científica (que emergirá com a progressiva institucionalização da psiquiatria ao longo de todo o século XIX). Kant, por exemplo (e só para solicitar um influente teórico dos sistemas jurídico-penais), chamava a atenção, nas suas lições de ética, para o problema.[87] Em Foucault, aliás, a loucura, a sua perceção pública, no período que precede a psiquiatria, é fundamentalmente uma perceção do «escândalo» (1999, p. 130), e essa perceção do escândalo alimenta (e poderá mais tarde ser alimentada por) uma analítica da loucura que faz cingir num comum amplexo (social e institucional) lei e psiquiatria. Em suma, o reconhecimento do escândalo (cuja tradução institucional será para Foucault o seu polémico «Grande Internamento»)[88] irá participar da analítica da alienação inscrita na ordem do jurídico, e vice versa, a analítica da alienação irá beneficiar o escândalo. Estamos aqui perante uma recursividade afim daquela que faz menção Ian Hacking quando usa a expressão *the looping effect of human kinds*. E, nesta reatroação, escândalo e analítica vão sendo transformados.

---

[87] Ver, *e.g.*, «De Imputatione» (Kant, 2002, pp. 97-8).

[88] Terá acontecido este Grande Internamento foucauldiano? Vários historiadores vieram contestá-lo. Para uma estimulante leitura das respostas dos historiadores (entre os quais avultam nomes como Roy Porter e Jan Goldstein), ver Gutting (1994b, pp. 47-70).

Porém, este quadro não pode ser compreendido sem que se lhe façam inscrever alguns meios tons, algumas zonas de transição, algumas abrutas clivagens entre formas de concetualizar o humano e de fazer valer interesses disciplinares à luz de tais formas. Assim, se é verdade que a psiquiatria e a lei participaram de uma ordem institucional mais ampla, em que os «conhecimentos» de ambas (mais a perceção pública da fronteira entre crime e loucura) se organizaram em «saber» - a usar a dicotomia a que apela Foucault na sua arqueologia do conhecimento (2000, pp. 200- -5)[89] -, também é verdade que a formação deste saber não foi pacífica.

Sabemos que várias formas de classificação (cuja instabilidade e posterior desaparecimento são o testemunho pleno da sua historicidade) estiveram no centro dos debates entre lei e psiquiatria. A psiquiatria forense, enquanto disciplina de fronteira, assegurou uma posição estratégica no interior da ordem de saber que veio a regular as relações entre crime e alienação, através de deslocamentos paradigmáticos e institucionais que se fizeram suportar em «achados classificatórios» de enorme eficácia discursiva. Falei no capítulo anterior da loucura lúcida ou loucura moral. Mas se recuarmos no tempo, vamos encontrar aquilo a que se denominou de «monomanias».

A reflexão que Jan Goldstein, por exemplo, nos dá sobre as monomanias no seu seminal *Console and classify* (2001, pp. 152-96) é, a vários títulos, ilustrativa. A *monomania*, sob o ponto de vista técnico, traduzia uma *idée fixe*, ou seja, e seguindo de perto Goldstein (*id.*, pp. 155-6), uma preocupação obsessiva numa mente que, no resto, se revelava perfeitamente sã. Tratar-se-ia de uma espécie de delírio parcial no qual o entendimento se revelava patológico em alguns aspetos e saudável e bem ordenado em outros. Tal como a «lipemania», tratava-se de uma forma circunscrita da «mania», mas, ao contrário daquela, expressava-se por um

---

89 *Connaissance* e *savoir*, no original. Para Foucault, o primeiro daqueles termos, *connaissance*, designa um partircular *corpus* de conhecimento (passe a tautologia), isto é, uma disciplina particular – biologia ou economia, por exemplo. O segundo daqueles termos, *savoir*, ou conhecimento em geral, é a totalidade de *connaissances*. *Savoir* refere-se não tanto a essa totalidade aparente, mas, e se quisermos, à sua dimensão subjacente ou arqueológica (ver, a este propósito, a esclarecedora nota à edição inglesa de *Archéologie du savoir* [2002, p. 16n3]; ver também Flynn [1994, pp. 28-46] e Hacking [1995, pp. 198-9]).

excesso de atividade em torno da preocupação obsessiva. A monomania estava próxima da exaltação maníaca e opunha-se ao abatimento da lipemania (*id.*, p. 157). Sem querer detalhar mais, esta nosologia proposta por Esquirol no princípio do século XIX (1810), viria a demonstrar, por um lado, a enorme permeabilidade da matriz cultural às aquisições da psiquiatria então emergente (vindo a ser absorvida pelos intelectuais e homens de letras do seu tempo, entre os quais Balzac), e, por outro lado, a eficácia que os alienistas demonstravam em fazer situar o seu conhecimento em lugares de fronteira da experiência humana, cooptando vocabulários moral e socialmente sensíveis às suas comunidades de pertença, em particular à sociedade francesa do seu tempo. Isto porque as monomanias revelavam, justamente, a fusão de comentário social e diagnóstico médico.[90] Fosse como fosse, o que há a realçar aqui é o lugar que esta nosologia teve na afirmação da medicina legal. Sob formas muito discutidas, como a *monomanie homicide* proposta por um dos elementos do círculo de Esquirol, Georget, em 1825, esta nosologia viria a revelar-se dotada de um significado instrumental nas «disputas de fronteira» que se viriam a travar entre lei e piquiatria. Para a psiquiatria, a apropriação de uma parcela da influência do sistema legal (através do magistério de fronteira exercido pela psiquiatria forense), representava quer a criação de uma firme vinculação ao Estado, quer a conquista do invejado poder simbólico e social que, à data, a profissão legal detinha (*id.*, p. 167). A psiquiatria forense, precisava de teorias que mostrassem a sua urgência. Escreve Goldstein: «A doutrina da monomania qualifica, enquanto ideologia profissional "utópica", uma exigência agressivamente hiperbólica feita para a emergente especialidade da psiquiatria pelos seus praticantes e dirigida primordialmente para o espaço exterior» (*id.*, p. 196). Ou seja, como disciplina de fronteira, a psiquiatria forense não cessou ao longo do século XIX (e também durante o XX) de produzir arquiteturas nosológicas e aparatos teóricos que demonstrassem a

---

[90] Assim, por exemplo, a endémica preocupação, partilhada por leigos e observadores médicos em França nas primeiras décadas do século XIX, de que os indivíduos, nesse contexto pós-revolucionário, seriam vítimas dos «tormentos da ambição» viria a traduzir-se na prevalência de uma forma de monomania, a *monomanie ambitieuse* (Goldstein, 2001, p. 160).

extrema relevância do seu universo de conhecimentos, fosse sob a forma das monomanias (que em meados do século XIX cairiam em desuso), fosse sob a forma de classificações como a de loucura lúcida ou loucura moral.

A turbulência paradigmática e a institucionalização da psiquiatria e suas competências forenses *parece* radicar numa incomensurabilidade *à la* Kuhn entre duas cartografias sobre o sujeito forense - uma, que se fundaria na ideia de livre-arbítrio, intenção, responsabilidade, culpa (lei); outra, que radicaria na ausência de livre-arbítrio, intenção, responsabilidade, culpa (psiquiatria) – cujas fronteiras fazem supor uma tensão permanente entre ações (lei) e eventos (psiquiatria). Tal afirmação da aporia entre lei e psiquiatria parece caraterizar o modo como, historicamente, tais disciplinas se foram constituindo. Aparentemente assim é, e muitos não deixam de enunciar o problema nestes termos.[91] Mas este quadro merece ser sofisticado (ainda que ele seja inquestionavelmente atuante). Isto porque, o reconhecimento de que em certas circunstâncias, se deve suspender o juízo sobre a qualidade moral e legal de certo tipo de ações, não pode ser confinado a uma *racionalidade moderna* como aquela que surge nos finais da Idade Clássica, e porque este tipo de tensões entre modos de concetualizar o sujeito forense radicam em aporias filosóficas que extravasam o debate lei e psiquiatria (de que a aporia mente-corpo/cérebro, não será uma das menores).[92]

Foucault (1999, p. 125) refere que o «reconhecimento da loucura no direito canónico, bem como no direito romano, estava ligado ao seu diagnóstico pela medicina». Afirmei ainda que Kant, por exemplo, escreveu de forma particularmente influente sobre a imputabilidade e sua obliteração nos casos de loucura (mas também de embriaguez). E acrescente-se que, para o caso português, temos evidências, quer nas *Ordenações Afonsinas*

---

91 Ver, *e.g.*, Neve (1997b, p. 232). Situando-se numa perspetiva mais filosófica sobre o problema, Moore (1984, p. 1), por exemplo, faz contrastar a lei, enquanto «um sistema de pensamento que toma o livre arbítrio como o seu primeiro e inquestionável postulado», e a psiquiatria, enquanto, «uma visão do mundo científica e determinista que não deixa espaço para o livre arbítrio e a responsabilidade».

92 Sobre a dualidade mente-corpo na medicina do século XIX, ver, *e.g.*, Rosenberg (1992).

quer nas *Ordenações Filipinas*, que tal reconhecimento se fazia.[93] Esta suspensão de um juízo de imputação face à desrazão humana, não é um dado moderno. O que é particularmente notável no advento da modernidade psiquiátrica e forense é, por um lado, a produção de *uma analítica da loucura ou alienação* com objetivos declaradamente forenses, e, por outro lado, mas também *concomitantemente*, uma *reconcetualização radical* de uma certa ideia de loucura. Ater-me-ei aqui a este último aspeto.

Disse atrás que o que ocorre com a emergência da psiquiatria moderna é uma revisão radical das ideias acerca da loucura. Pese embora a extrema flutuação semântica do vocábulo (daí cuidar pouco ao longo deste meu ensaio da sua precisão concetual), se há traço que permite criar uma linha de descontinuidade teórica profunda com aquilo que ocorria num tempo prévio à emergência da psicopatologia enquanto disciplina autónoma das «ciências humanas», é o facto da loucura ou alienação já não ser *apenas* pensada como o resultado de uma *falência cognitiva*. Ela pode ser antes uma *falência emocional e volicional*, isto é uma falência no plano não tanto da dinâmica da razão, mas, ao invés, no plano da dinâmica da emoção.[94]

Não é por acaso que, no quadro classificatório, foram as monomanias primeiro, e as formas de loucura lúcida ou moral depois, que estiveram na primeira linha do debate entre lei e psiquiatria. Qualquer uma destas formas classificatórias fazia supor uma outra compreensão da loucura,

---

[93] Escreve um dos mais incensados psiquiatras forenses portugueses da segunda metade do século XX, Pedro Polónio: «A primeira referência à imputabilidade na Lei Portuguesa é referida por Silveira no tomo III das *Ordenações Afonsinas*: "e se achar que disse mal com bebedeira ou sendo desmemoriado ou sandeu deve-o escarmentar de palavra, sem outra pena, pois que o fez estando desapoderado do seu entendimento"» (1975, p. 12). Polónio acrescenta ainda no mesmo lugar que tal «tradição [é] mantida e desenvolvida nas *Ordenações Filipinas*».

[94] O entendimento científico da alienação passava por aqui. Isto porque se era evidente para «o vulgo» a desordem cognitiva e associativa, o mesmo não se passava em relação às desordens da emoção e da vontade: «As *lesões na associação das ideias* são um dos sintomas mais evidentes de loucura; para o vulgo não existe mesmo alienação senão nos casos de perturbação associativa das ideias» (Matos, 1884, p. 33). A evidência e o senso comum estão, para Matos, muito próximos do obscurantismo e ignorância em que viveria o povo: «[P]orque a gente inculta só em face de sintomas de grande relevo se pronuncia pela loucura» (1907, pp. 90-1).

sendo de destacar aí que não era tanto a *cognição*, mas antes a *emoção*, que poderia revelar, no indivíduo alienado, as razões da sua alienação.

Ou seja, um dos motivos centrais para o desacordo institucional no que diz respeito às circunstâncias em que se exigia a suspensão de um juízo de imputação estaria não tanto na possibilidade de razões ontológicas poderem ser pretextadas, mas antes no *conteúdo* preciso de tais razões. Na prática, um exemplo disso mesmo prende-se com as célebres *M'Naghten Rules* (ver, *e.g.*, Eigen, 1995, pp. 153-4; Smith, 1981, pp.14-6; Walker, 1968, pp. 84-123).

O caso reporta-se à década de quarenta do século XIX (1843). Daniel M'Naghten matou a tiros de pistola o *private secretary* Sir Robert Peel por se acreditar perseguido pela polícia a mando dos Tories. É então dado como louco. A polémica foi de tal ordem que exigiu que se tomassem medidas para casos vindouros. Basicamente, tentou-se sistematizar um conjunto de regras a partir das quais *um juiz* pudesse aferir corretamente da responsabilidade ou irresponsabilidade de um dado indivíduo. Tratava-se de um *right-wrong test* (no plano da capacidade cognitiva do indivíduo de distinguir o bem do mal), e não de um preceituado técnico que se fizesse suportar em noções particularmente caras à medicina do período como, e muito significativamente, a noção de «impulso irresistível» (que faria supor, como sabemos, uma economia da emoção) (Smith, 1981, p. 16). Autoridades médicas do período criticaram acerbamente as valências forenses do teste. Fizeram-no tendo por base a conceção de insanidade mental que lhe estaria subjacente. Para tais autoridades médicas, tal conceção basear-se-ia numa leitura errada da natureza da loucura. Erroneamente, tais juízes acreditariam que a loucura afetaria *unicamente* as faculdades intelectuais ou cognitivas do sujeito. Para a medicina e, em particular, para os alienistas (que em meados de oitocentos procuravam fazer inscrever os seus saberes no interior do regime jurídico e penal vigente), a natureza da loucura estaria numa afeção que não apenas poderia comprometer as ordens da cognição, mas também, e de forma sobremaneira enfatizada, as ordens da emoção e da vontade (*e.g.*, Smith, 1981, p.16).

Mas a conceção não médica da loucura de que participavam os juristas também não seria específica de tais homens (interessa, pois, ver de

123

que modo sistemas de conhecimento como a lei e a psiquiatria, funcio-
navam por relação com as formas de vida no quotidiano e, em particular,
com a perceção de senso comum da loucura ou alienação mental).
A conceção que os juristas tinham da alienação mental suportar-se-ia em
leituras de senso comum, não apenas acerca da dimensão estritamente
cognitiva da loucura, mas também acerca da sua dimensão visível. Para
os leigos, as desordens da mente eram visíveis, senão mesmo evidentes.
Para os especialistas, elas poderiam ser tudo menos visíveis, tudo menos
evidentes. Elas exigiam a participação de toda *uma nova fenomenologia
médica e pericial* que só eles, especialistas, dominavam. Os psiquiatras
eram, afinal, aqueles que *viam o invisível*. Toda a fenomenologia psiquiátrica se traduz numa passagem do visível para o invisível. Este traço
teórico de descontinuidade entre ideias de loucura distintas radica pois
em modalidades do olhar distintas que a fenomenologia médica e esté-
tica vinha apurando desde o Iluminismo.[95]

Tal aspeto pode ser apreciado, por exemplo, no caso Marinho da Cruz.
Sabemos que uma das razões da contestação dos leigos se prendeu com
a designação de «epilepsia larvada», usada pelos peritos em tribunal. Uma
epilepsia larvada era uma epilepsia escondida, oculta, subterrânea, invisível e descontínua (fazia supor manifestações intermitentes cortadas por
aquilo a que a medicina de então chamava de «intervalos lúcidos»).[96]

Dir-se-ia que os alienistas eram os *mestres de verdade invisível*. As suas
valências técnicas prendiam-se com esta capacidade de tornar visível o

---

[95] A clínica - de que nos fala Foucault em *Naissance de la clinique* (1997a [1963])
– repousa nesta nova ordem visual que o Iluminismo haveria de inaugurar. Ver, a este
propósito, Stafford (1993 [1991]).

[96] É disso que trata, aliás, o célebre tratado de Bombarda (1896a) sobre a epilepsia.
O tropo que conduz a argumentação de Bombarda é, precisamente, o invisível, como se
a epilepsia remontasse a algo de constitucionalmente mórbido no sujeito que se tornasse
para o vulgo visível apenas nos momentos em que o «grande mal» se manifestava, sendo
que os estados de remissão não representariam uma ausência da doença, mas antes a sua
presença invisível que só poderia ser reconhecida por um especialista. Este estado constitucionalmente mórbido da epilepsia era pensado à luz do modelo degeneracionista, como
vimos (parte I). Acrescente-se que o modelo degeneracionista se traduzia numa conceção
em que a alienação era pensada, sobretudo, como um estado invisível que só uma escru-
pulosa atenção especializada poderia tornar visível. É interessante também verificar que,
mais tarde, o modelo psicanalítico (de que se servirá entre nós pioneiramente Sobral Cid),
retomará este tropo (ver Quintais, 2006).

invisível, de revelar, de dar a ver. Esta designação, de epilepsia larvada, foi, segundo Júlio de Matos (ver atrás as observações que tece a este respeito em *A loucura* [1913, pp. 356-7]), contestada pela imprensa da altura, isto é, examinada à luz de ideias de senso comum que tornavam a loucura uma ontologia do visível, se quisermos, e não uma ontologia do invisível, cujo desvelamento exigiria uma argúcia e um adestramento que os leigos não dominariam. E os leigos podiam ser também os juízes, ou, eventualmente, o júri.[97]

Em suma, o problema da fronteira entre lei e psiquiatria tem de ser reequacionado à luz de vetores de natureza não tão enfaticamente enfeudados em questões como aquela que faz supor uma oposição entre duas noções de sujeito forense incompatíveis, mas à luz de *problemas de natureza disciplinar* (que se prendem com a afirmação de áreas de conhecimento científico que se insinuaram e fizeram discriminações «novas» sobre um oceano de premissas de senso comum).

Tudo isto tem um significado político pronunciadíssimo, já que o eixo em redor do qual estes problemas se definiram foi aquele que hierarquizou formas de conhecimento e fez opor barbárie a civilização (como se se tratasse de duas ordens culturais discrimináveis a *priori*). E a verdade civilizacional dos psiquiatras, e, em geral, a verdade civilizacional do modelo biopolítico que moldava as suas pretensões, pode ser asseverada pelos seus efeitos de poder, sendo estes efeitos mensuráveis pelo modo como, entre a Monarquia Constitucional e a Primeira República, os médicos (e todos os que tinham um compromisso com o modelo epistemológico e jurídico emergente) acederam a posições estratégicas notáveis no quadro político de então. O que se viria a tornar decisivo durante a I República, sobretudo quando pensamos na proeminência política que aí passaram a auferir a medicina e, em particular, a psiquiatria. Já teci alguns comentários sobre este aspeto, e por isso não me irei repetir. Mas posso acrescentar que, a cingirmo-nos às três figuras que servem de eixo empírico a partir do qual tenho vindo a desenvolver

---

[97] Matos reclamará, aliás, a extinção do júri dado o seu desconhecimento em matérias de alienação mental (Matos, 1893, p. xvii). Sobre esta instituição para o contexto português, ver Marques (s/d [1993], p. 171) e Vaz (1998, pp. 27-30).

a minha argumentação (Bombarda, Matos, Cid), se torna nítida a *proe-minência política* dos psiquiatras forenses portugueses da transição do século xix. Bombarda foi um destacado republicano (chefe civil da revolução do 5 de outubro) e uma figura proeminente da Maçonaria. Matos, um dos sábios de referência do movimento republicano, arquiteto da lei de 11 de Maio de 1911, viria a ser falado em 1912 (quando era reitor da Universidade de Lisboa) para ministro da Instrução Pública. Finalmente, Cid viria a assumir em 1914 este último cargo no governo do seu colega de Coimbra, Bernardino Machado.[98]

Esta espécie de conquista do espaço político, assegurada formalmente pelo percurso dos médicos envolvidos, exigia, porém, uma recetividade às valências técnicas que a psiquiatria forense afirmava suas. Estamos, pois, perante um problema de *legitimidade*. Um problema de legitimidade que, em Portugal, fez apelo, fundamentalmente, à tradição disciplinar que a psiquiatria, e suas extensões forenses, foram granjeando no espaço europeu de oitocentos.

Quando, em Portugal, os psiquiatras começaram a exigir para si prerrogativas forenses (o que se tornou notório a partir dos escritos de António Maria de Sena em diante), tais prerrogativas já eram, entre as classes cultas, de difícil contestação (quanto mais não seja porque a consolidação das valências forenses dos psiquiatras já tinha uma longa história nos demais países europeus considerados paradigmas de civilização). Atentos aos exemplos de progresso científico e suas implicações normativas, os prosélitos das ordens liberal, primeiro, e republicana, depois, não deixaram de enaltecer os méritos das ciências nas suas extensões forenses. Só assim é que se pode explicar que dentro e fora do campo da medicina se tenha aderido de forma por vezes tão entusiástica a um novo contínuo de saberes jurídicos e epistemológicos. Só assim é que se pode explicar que homens como Bernardo Lucas ou Tomás Ribeiro (juristas influentes e homens que tiveram um papel destacado no caso Marinho da Cruz) tenham enaltecido este contínuo jurídico e epistemológico. Estes juristas ombreavam com médicos como Bombarda e Matos na produção do novo

---

[98] Ver, *e.g.*, Fernandes (1981, p. 7, p. 34n11).

aparato técnico, científico e forense. Algumas vozes dissonantes faziam--se ouvir, mas, seja como for, os méritos da ciência nas suas aplicações forenses constituíam, para juristas e cientistas (médicos ou não), um dado de civilização.[99] E não só para cientistas e juristas, mas também para jornalistas e polemizadores como Silva Pinto que desenvolve nas páginas de *DP* uma defesa acerba dos saberes médico-forenses que excederá o caso Marinho da Cruz.[100]

O que é importante destacar aqui é a relação entre senso comum e extensões forenses do conhecimento médico e psiquiátrico, e não tanto a fronteira entre lei e psiquiatria como vetor de análise essencial à compreensão das transformações epistemológicas e jurídicas em voga. É muito sintomático verificar que as tensões disciplinares entre ambos os domínios se alimentavam, para o caso português, quase sempre na desconfiança, protagonizada pelos alienistas, em relação ao artifício, à encenação, e, em particular, à retórica dos juristas. Uma preocupação com a retórica que era, também, uma preocupação com o abuso e a manipulação de que poderia ser alvo o sistema de atribuição de responsabilidades em constituição. Tais tensões podem ser acedidas através de apontamentos mais ou menos dispersos pelos textos dos alienistas. Quase sempre relativas a casos particulares, comportando uma explícita desconfiança em relação à sofística dos juristas e, em particular, dos advogados, elas traduzem-se em fragmentos como este que passo a citar e que é um comentário à lei de 17 de agosto de 1899 que regulava o funcionamento dos chamados conselhos médico-legais (um órgão colegial que haveria de arbitrar durante cerca de um século as relações entre peritos forenses e tribunais):

---

[99] As dissonâncias são quase só diferenças de ênfase. Elas nem sequer nos permitem traçar uma clivagem clara entre lei e ciência. As dissonâncias são transversais ao sistema epistemológico e jurídico que se estava a constituir. Assim, por exemplo, Manuel António Ferreira Deusdado faz, em 1889, um conjunto de críticas à *inflexão antropológica* a que se assistia no domínio da explicação científica do crime. Seja como for, ele nunca põe em causa *a necessidade de se explicar cientificamente o crime*. Deusdado prefere deslocar a urgência de uma explicação científica para fatores sociais, o que é consonante com a posição disciplinar que ocupa: professor de psicologia aplicada à educação no curso superior de letras de Lisboa (ver, *e.g.*, Vaz, 1998, p. 73).

[100] Ainda em 1888 voltará a pronunciar-se sobre o tema em «Criminosos e Doidos» (*DP*, 10 de novembro, p.2).

Poderia pensar-se que, entregando aos conselhos médico-legais o exame pericial dos delinquentes suspeitos de loucura, a lei de 17 de agosto de 99 acabaria com os casos de doenças mentais pretextadas e simuladas num intuito de impunidade. Mas não aconteceu assim [...]. Os senhores advogados não desistiram de alegar a loucura dos criminosos indefensáveis; e alguns vão mesmo industriá-los no fingimento de perturbações psíquicas. Nem a perspetiva de uma observação levada a efeito por médicos em quem deve supor-se uma especial competência, desarmou para a mentira essa nefasta classe de sofistas, cujos tortuosos hábitos de espírito são um motivo constante de perturbações nas sociedades modernas. Invocando os sagrados interesses da defesa (eufemismo com que na gíria forense se designa o combate a favor do crime) não hesitam esses funestos letrados em alegar a loucura dos seus constituintes, se a desejada absolvição lhes não é garantida pela venalidade ou pela estupidez dos júris. [...] [C]ada classe tem a sua mentalidade e a sua moral privativas, impostas, a primeira pela educação literária, a segunda pela própria natureza dos interesses profissionais. [...] Esses nocivos mistificadores acabam naturalmente por perder todo o incómodo respeito da verdade, por maneira que a tentativa de burlar os médicos forenses lhes não parece um ato revoltante, mas o exercício de um direito e, em todo o caso, um legítimo expediente do ofício. Serenamente diremos aos insignes patronos de criminosos que o tempo lhes mostrará a inanidade completa dos seus ínvios processos de luta contra a sociedade. E de passagem lhes lembraremos também que a sequestração celular, imposta pelas necessidades do exame psiquiátrico, parece não ser para os seus protegidos de uma inefável doçura (Matos, 1907, pp. 12-5).

Era, pois, por sofisma que os advogados jogariam por vezes, com enorme sentido de oportunidade, o jogo dos alienistas e a sua linguagem da irresponsabilidade criminal por razão de alienação mental. Não se punha em causa o sistema forense em construção (ou isso não era feito na sua globalidade), antes se procurava usá-lo de acordo com interesses estratégicos da defesa que eram objeto de censura por parte dos alienistas, e, em particular, por parte de Matos.

As eventuais tensões entre lei e psiquiatria eram contingentes. Quando dotadas de um fundo aparentemente doutrinal acabavam por ter menos a ver com uma fronteira epistemológica de fundo entre lei e psiquiatria, e mais com o modo como se replicavam no interior do domínio jurídico e epistemológico em criação preocupações sociais e medos culturais que o extravasavam de forma muito clara. Jamais se punha em causa de ânimo leve um dado axial: a necessidade (exigida pelos *ethos* liberal e republicano) de fundar as instituições de acordo com preceitos científicos (uma necessidade que parecia aliar médicos e juristas igualmente).

Penso que isto aflorava, doutrinalmente, perante as *exigências maximalistas de médicos e magistrados*, fortemente influenciados pela «escola antropológica» italiana (Garofalo, Ferri, Lombroso), em *redesenhar radicalmente* (tendo por esquema a biologia) o conceito de responsabilidade penal.[101] Se bem que muitos médicos e juristas, como Matos, Bombarda, Basílio Freire, Francisco Ferraz de Macedo, Bernardo Lucas, Ferreira Deusdado ou Afonso Costa, se irmanassem na defesa de uma nova aliança entre lei e ciência (um sistema de regulação epistemológico-jurídico, como tenho vindo a referir), a forma como olhavam para o problema da responsabilidade penal à luz dos dados que eram os da ciência do seu tempo afirmava-se, muitas vezes, distinto. Um exemplo disso mesmo são as tendências biologizadoras de uns (Matos, Freire, Bombarda em grande medida, Macedo, ou Lucas), contra as tendências de cariz mais ambiental ou social ou educacional de outros (de que Deusdado ou Costa são exemplos).[102] O campo epistemológico e jurídico em formação durante o período é assim o produto de articulações entre a medicina e o direito

---

[101] A forte influência da escola italiana em Portugal situa-se também neste plano em que direito e medicina se irmanavam na produção de um novo paradigma penal. No seu estudo sobre as multidões no fim do século XIX em França, Susanna Barrows escreve: «A antropologia criminal era um híbrido; os seus principais defensores – em Itália, Cesare Lombroso e Enrico Ferri; em França, Alexandre Lacassagne e Gabriel Tarde – gravitavam em torno das faculdades de medicina e direito» (1990, p. 112). A procura de um paradigma comum pode ainda ser asseverada pela leitura de periódicos como *MLJ*. Esta influente publicação demonstra a enorme confluência de preocupações entre a ciência e a lei na criação de um novo paradigma epistemológico e jurídico.

[102] Para uma apreciação crítica do trabalho de criminólogos como Deusdado, Costa, Freire, ou Macedo, ver o trabalho de Maria João Vaz, que apesar de alguns incorreções pontuais, se destaca pelo seu pioneirismo (1998, pp. 63-111).

que foram sendo progressivamente afinadas. As tensões entre determinismo e livre-arbítrio foram produzindo clivagens no interior do debate, mas estas clivagens não ocorriam *necessariamente* entre medicina e direito. Elas faziam-se sentir *internamente* a esse território comum que começava a ser conquistado, criando partições entre elementos do território. É assim que podemos compreender o jubiloso retrato que um psiquiatra português do século xx, ao encadear referências e citações, fará deste domínio, no centro do qual estava a figura de Matos e na periferia homens do direito positivo, enaltecendo o seu instituto:

> Juntamente com Basílio Freire (Estudos de antropologia patológica – Os Criminosos) a doutrinação de Júlio de Matos, favorável à criação de «uma magistratura especial educada no estudo positivista e naturalista do criminoso (Garofalo, Ferri)», constitui uma base para a aceitação, pela Faculdade de Direito de Coimbra, de uma nova fase «científica» do Direito penal, inspirada na «escola positiva». As obras de Henrique Silva, Dias da Silva e Caeiro da Mata – a que na época apenas Ferreira Deusdado se opunha – são o produto dessa tendência. Contra o «livre arbítrio», defendiam o «determinismo dos criminosos» – o crime como «sintoma» das circunstâncias inadequadas da personalidade do delinquente. Dizia Júlio de Matos: «a escola positiva retomou, em bases inteiramente novas, o problema de reprimir e evitar o delito, procedendo para a sua solução de um modo semelhante àquele que procede a Medicina, estudando os meios de prevenir e tratar as doenças» (Fernandes, 1958, pp. 12-3).

Este campo jurídico e epistemológico em criação denotava amplamente um problema filosófico de implicações vastíssimas para uma certa ideia de Ocidente suportada na matriz clássica: um problema que tem sede no incompatibilismo entre mente e corpo. Porém, este incompatibilismo não era (nem é) específico das fronteiras entre lei e ciência (refletir historicamente sobre este problema, não é assim refletir historicamente sobre o problema da emergência dos saberes forenses na transição do século xix). Dir-se-ia antes que as fronteiras entre lei e ciência eram *presas* deste incompatibilismo, e que, por razões profissionais várias e reajustamentos políticos dentro deste território em criação, distribuiram o incompatibilismo entre os partidários de uma ordem que se pretendia ultrapassada e anacrónica e os partidários de uma ordem nova que convinha enaltecer. Um incompatibilismo que se desenhava (e desenha) não apenas na célebre aporia mente-corpo, mas em várias correlatas: valores e factos, livre-arbítrio e determinismo, ações e eventos.

Dilucidar estes termos exigia deslocar a discussão para um outro plano, que era aquele que fazia confrontar duas ordens sociais distintas: a que seria, por compromisso metafísico ou teológico, *pré-científica*, e a que se suportaria, única e exclusivamente, na *racionalidade científica*, cujo mito etiológico da modernidade (que apela para a cumulatividade do conhecimento e para um desígnio de verdade e progresso) fazia consagrar.

Para muitos médicos, os magistrados da velha ordem eram a incarnação das prerrogativas de uma sociedade obscurantista, onde o acesso à verdade se encontrava toldado, uma sociedade pautada pela decadência que era necessário ultrapassar através de uma nova jurisprudência ditada pelos oficiantes da ciência. Os conflitos entre magistrados e médicos (de que se queixam estes últimos, frequentes vezes) só podem ser entendidos neste quadro.[103]

Dir-se-ia que os médicos exigiam uma legislação processual penal (que regulasse o seu trabalho pericial) e que consagrasse, sem apelo, o seu magistério. É isso que virá a acontecer.

A vitória de um novo modelo epistemológico e jurídico era uma vitória da ciência que era, finalmente, uma vitória do progresso e de uma certa conceção de modernidade em que senso comum e digressões teológico-metafísicas andariam ruinosa e decadentemente a par. De um

---

[103] Acresce ainda que nem sempre obscurantismo e progresso, barbárie e civilização, se replicavam na estrita partição entre, de um lado juristas, de outro médicos e homens de ciência. Particularmente ilustrativo é o facto de observadores reconhecerem a existência de médicos avessos ao labor forense dos psiquiatras, o que só vem, de algum modo, tornar mais complexa a codificação desta fronteira. Em 1906 um observador contestava as posições de um médico, Bettencourt Rapouso, da Escola Médica de Lisboa, relativas ao exercício de competências forenses por parte de psiquiatras. Este médico insurgia-se, num texto de 1894, contra o trabalho dos psiquiatras junto dos tribunais nestes termos: «[O]s peritos alienistas inventam irresponsáveis, manietam o júri com atenuações de responsabilidades, e desarmam a lei penal» (*cit.* Osório 1906, pp. 85-6).

só lance, tais escolhos deveriam ser afastados para que a Cosmopólis fosse possível (é isso que liberais e republicanos irão procurar assegurar). Tratar-se-ia da vitória da verdade sobre o erro. E tal vitória uniria o exercício de magistrados e alienistas num só projeto, ainda que, rebarbativamente, os alienistas exigissem que tal utopia científica hierarquizasse disciplinas, e, na hierarquia das disciplinas, as ciências médicas e, com elas, a psiquiatria, auferissem, sem apelo, de um critério privilegiado de acesso à verdade a que tinham de se subordinar os magistrados. Ou seja, a medicina determinaria e seria modelo de explicação do mundo e das ações dos homens nele. Neste contexto, era essencial que os magistrados se regulassem pelo primado das ciências da vida.

CAPÍTULO VII
PROCESSO CIVILIZACIONAL

A polémica em que esteve envolto o caso Marinho da Cruz serviu para enfeudar aqueles que defenderiam a civilização (os partidários da ciência-nos-tribunais) contra a barbárie (todos os outros). As páginas de *DP* de 1888 dão-nos testemunho disso mesmo. Toda a documentação reunida por Tomás Ribeiro (um jurista) e Silva Pinto (um jornalista) o revelam também. Ambos, nos seus comentários, arrumam a informação de acordo com esse eixo que vai da verdade à mentira, da civilização à barbárie. Ambos lastimam o atraso da nação.[104] Ou seja, o caso Marinho da Cruz representa metonimicamente a impossibilidade da nação portuguesa em se elevar ao processo civilizacional que percorria a Europa na transição do século XIX. Este processo, num plano mais amplo, fazia supor uma submissão de todos os aspetos do humano às prerrogativas da ciência. O lugar dos alienistas e seus saberes forenses é particularmente enfatizado aí. Aqueles que não poderiam ou não

---

[104] No mesmo ano em que Marinho da Cruz é julgado pela segunda vez, Augusto de Lacerda (1888) publicava um panfleto-poema em forma de dísticos em que, acidamente, fazia associar o desenlace do caso Marinho da Cruz à decadência da nação. Escrevia ele: «Ó Pátria! Ó Portugal! Nação de liberais / Regada pelo sangue heróico de teus Pais, // Enquanto pelo Mundo a radiante luz / Da civilização se alastra e cresce, a flux, // Tu curvas, dolorida, a face envergonhada... / A honra de um teu filho é para ti um nada! // Podem assassiná-la, à conta de uma Lei, / Que Deus o ordena assim por intermédio do Rei! // E, se em vez do Progresso, a caso a Decadência / Avança a passo largo, ao menos, por coerência, // Voltemos ao Passado, ao tempo dos horrores, / E façam reviver os bons inquisidores, // A grilheta, a masmorra, a força justiceira / O pelourinho vil, o garrote e a fogueira! // Deixemos o Progresso, e venha o barbarismo / E para dar um tom de certo modernismo // À lei cruel que ultraja e rouba e assassina, / - Filhos da Liberdade, erguei a Guilhotina!» (*id.*, pp. 18-20).

queriam compreender o seu alcance revelavam, afinal, a sua indelével decadência.[105]

Matos, por exemplo, desenvolve todo um conjunto de considerações ácidas acerca da ignorância (uma ignorância perigosa e comprometedora) em que vive o povo. Para Matos, o povo é muitas vezes conotado com um certo Portugal rural pelo qual ele demonstrava quase sempre um rigoroso desprezo. Boa parte dos estudos médico-legais que faz plasmar em *Os alienados nos tribunais* (1902, 1903, 1907), têm por alvo indivíduos que provêm de áreas rurais do país, particularmente do norte (reportam-se, fundamentalmente, a materiais forenses recolhidos aquando do seu magistério no Hospital Conde de Ferreira do Porto e na área de circunscrição do 2°. Conselho Médico-Legal). Num conjunto de comentários acerca de um parecer incluído no último volume desta trilogia, Matos deixou plasmado, por exemplo, o seguinte mimo: «[E]ntre nós a gente do campo tem uma cerebração granítica» (1907, p. 100). Sintoma desta «cerebração» era, sem dúvida, o facto do país deixar os seus alienados perigosos à solta, sem que se tomassem medidas de identificação e sequestração. Apesar dos esforços da elite esclarecida de que se considerava parte, Matos não deixa, pois, de se queixar da incúria legislativa em que vivíamos, escrevendo:

> [N]ão pode viver-se nesta incúria selvagem. A meu ver, aos subdelegados de saúde deveria incumbir o serviço de organizar periodicamente a estatística dos alienados da respetiva área e de reclamar do poder judicial a imediata sequestração dos que constituem um perigo sério para a coletividade. São esses funcionários os mais idóneos para um trabalho desta ordem. Exigir-lho mediante uma remuneração condigna, parece-me o único meio sério de acabarmos com estas vergonhas trágicas de todos os dias. Será atendido este alvitre? (1907, p. 101)

---

[105] Como escreve António Maria de Sena: «O povo que não compreende estes deveres está todo degenerado» (1884, p. xviii). E o povo estava, provavelmente, todo degenerado porque parecia não compreender as prerrogativas deste ímpeto civilizacional.

O alvitre parecia cair em saco roto.[106] Fosse como fosse, o que atravessava casos como o de Marinho da Cruz (que tem aqui um lugar emblemático) era o debate que fazia opor barbárie a civilização, senso comum a ciência, e não tanto aquele que fazia opor duas ordens epistemológicas diferenciadas e irreconciliáveis, isto é, a lei (que se fundaria no livre-arbítrio) e a ciência (que se fundaria no determinismo).

Se quisermos, este debate entre livre-arbítrio e determinismo, só tem sentido quando deslocamos o nosso olhar para duas visões do mundo que se pareciam degladiar então: uma velha ordem toldada por tonalidades escatológicas e religiosas inquestionáveis, e uma nova ordem marcadamente secular ou secularizante, e, em grande medida, hostil às declinações institucionais e forenses valorizadas pela visão do mundo religiosa e clerical que se fundava em preceitos como o de «alma». O que liberais e republicanos pretendiam igualmente - pesem embora as diferenças de ênfase, pesem embora as assimetrias entre cultura liberal e cultura republicana que, denodadamente, historiadores como Rui Ramos (2001) reclamam – era fazer suportar as instituições forenses (e, com elas, a sua rede conceitual em que se destaca o conceito de responsabilidade) nos dados das «ciências de substituição da alma», isto é, «ciências empíricas, ciências positivas que providenciariam novos tipos de conhecimento [na dupla vertente foucauldiana de «conhecimento» e «saber»] através dos quais se curaria, ajudaria, e controlaria o único aspeto dos seres humanos que se situava até aí fora da ciência» (Hacking 1995, p. 209).

A considerar a uma outra luz o problema do determinismo e do livre-arbítrio que se encontra aqui subjacente (e que exige recontextualização quando consideramos as relações entre psiquiatria e lei), dir-se-ia que tal problema pode ser acedido através do modo como Bombarda e Matos (para lá das diferenças entre ambos)[107], de forma implícita ou explícita, pretenderam esvaziar de sentido a expressão

---

[106] A dramatização da incúria em outros momentos será atenuada. Assim, por exemplo, os desenvolvimentos legislativos em torno das perícias médico-legais (realizadas a partir da década de noventa), serão objeto de louvor por Matos (1903, pp. 9-10).

[107] De alguma forma, Bombarda, por influência neo-lamarckiana, não descurava as determinações do meio na criminalidade. Porém, a sua ênfase vai para a constituição antropológica dos sujeitos, como vimos na parte I. Matos é, por seu turno, um imaculado

livre-arbítrio, exigindo com exaltada retórica a redefinição das instituições forenses. Bombarda apela à insanável «fatalidade» das determinações em que se traduziria o «jogo de motivos» subjacente às ações humanas (1898, pp. 76-7). Sendo, pois, no «determinismo do livre-arbítrio» (*id.*, p. 331) que se inscreveria a qualificação das ações, Bombarda faz deslocar as suas preocupações acerca da neuroanatomia e neurofisiologia da ação para um conjunto de conceções sobre a natureza da sociedade e, em particular, sobre a natureza das instituições forenses, num movimento que nos lembra, Thomas Hobbes, o primeiro sociobiólogo, segundo Daniel Dennett (1995, p. 455). Uma dada visão do sujeito, *logo*, uma dada visão do estado ou da pólis.[108] Mais, uma visão que, nesse enorme espetro de possibilidades que se increveriam na ordem fatal das coisas, faria dos médicos psiquiatras engenheiros sociais. O cérebro, «esse campo aberto à educação intelectual» constituído por unidades fundamentais, os neurónios, que não trariam consigo uma função, e cuja função ser-lhes-ia dada pelo seu funcionamento (Bombarda 1898, p. 323), deveria ser, pela sua fragilidade (sobre a qual os psiquiatras e psiquiatras forenses discorrem reincidentemente), objeto de cuidado. Cuidar do cérebro seria cuidar da sociedade (*id.*, pp. 328-9). E no que me importa de maneira mais acentuada, só uma descrição adequada do cérebro poderia sustentar um sistema de atribuição de responsabilidades que jamais cedesse espaço à ilusão do livre-arbítrio e às digressões sobre as ações livres (sem causa), e que se antecipasse ao tecido de *determinações* de onde emergiam tais ações, prevendo-se os comportamentos, os desvios, os eventuais e sempre ameaçadores retrocessos na ordem da evolução. Seria pois nesta ideia de prevenção que se deveria reorganizar *tal* sistema forense e penal, uma das pedras de toque de qualquer «sociedade *perfeita*», como concede Bombarda fazendo apelo a tal expressão:

---

positivista. Todo o seu magistério se reporta à identificação de índices antropológicos tendentes a explicar o crime à luz de patologias constitucionais.

[108] Há, em todo o caso, que esclarecer que o modelo de soberania de Hobbes nada tem a ver com aquele que podemos detetar na matriz moderna. Ver o meu epílogo, onde teço algumas considerações sobre este aspeto.

Uma sociedade regida pelo princípio declarado da obediência do homem à sua natureza e às circunstâncias seria uma sociedade ideal, porque seria ela que melhor e mais fundamente fomentaria a marcha da humanidade na senda da perfeição. Os factos não seriam tomados à conta do acidente ou do acaso e não se esperariam como se espera o imprevisto [...] Uma sociedade assim organizada mentalmente seria uma sociedade infinitamente mais perfeita. A crença na liberdade do pensamento e na liberdade da conduta teria desaparecido [...] A moral teria as suas bases na ciência, no conhecimento do homem e da sua organização física e psíquica. *A noção de responsabilidade moral ou penal teria desaparecido.* Mas como o reconhecimento da fatalidade das ações encheria de benevolência o coração do homem nas suas relações com os outros homens e saberia encaminhá-lo para o ideal humano da justiça e da fraternidade. A miséria, a torpe miséria que é o escárnio de uma civilização que proclama o livre arbítrio, seria afugentada, *as cóleras judiciárias, que são o escarmento da desgraça, apagar-se-iam, e viria uma era de paz e de felicidade, porque não se procuraria curar o mal nem remediá-lo, mas simplesmente preveni-lo.* É a sociedade do futuro, por cujo advento a ciência trabalha com um afinco até hoje nunca visto (*id.*, pp. 347-8; itálicos meus).

Uma sociedade perfeita fazia pois supor instituições forenses e penais perfeitas e consonantes com o primado científico de perfeição. Os artífices desta seriam também os alienistas do período, lídimos representantes desse sopro liberal e republicano em que se haveria de traduzir o Portugal da transição do século XIX. Matos na sua célebre introdução ao criminólogo italiano Garofalo não faz senão o mesmo:

A existência, sempre reconhecida, de exclusivas especialidades criminais em certos indivíduos, a reincidência, tão trivial, nos mesmos delitos por parte dos mesmo delinquentes, a transmissão, tão observada, das tendências criminosas de pais a filhos durante gerações sucessivas, o contágio, bem evidente, de certos delitos em épocas e meios determinados, são factos que bastariam para provar a espíritos desprevenidos que alguma coisa de necessário existe em toda a atividade criminal. § Tão grandes são, porém, a força dos preconceitos e o prestígio das fórmulas que nada disto se viu. Com a cegueira dos juristas naturalmente lucrou tanto o criminoso quanto com ela têm perdido os honestos. Em vez de se armarem cada vez mais contra o crime, pelo reconhecimento da incorrigibilidade da grande maioria dos delinquentes, as sociedades modernas, não têm feito, em regra, senão mitigar as penas; depois, os indultos, os perdões, as amnistias, a prescrição penal, a liberdade provisória, os direitos latitudinários de apelação e recurso, são ainda meios postos ao alcance do criminoso para evitar ou protelar a ação repressiva. Uma insensata piedade cobre, sobretudo nos países de raça latina, a cabeça do delinquente; a máxima «in dubio pro reo» sintetiza eloquentemente este absurdo sentimentalismo, ao abrigo do qual vai robustecendo e medrando a raiz parasitária da criminalidade (1893, pp. ix-x).

Toda a discussão filosófica sobre sujeito forense, determinismo, livre-arbítrio, eventos e ações tem de ser *equacionada histórica e politicamente*, no sentido em que tudo parecia fazer supor, afinal, duas dimensões ou vetores que se inscreviam mutuamente no debate. Por um lado, uma teoria sobre o *processo civilizacional*. Por outro, e concomitantemente, uma teoria sobre o lugar das disciplinas científicas num *projeto regulador* que potenciasse a utopia moderna de médicos alienistas e magistrados cientificamente esclarecidos (e sobretudo, dotados desse elemento de reverência para com o projeto biopolítico que se pretendia afirmar).

Assim, o malogro da justiça no caso Marinho da Cruz ficou a dever-se, para os observadores liberais e republicanos do período, não a uma conceção do mundo diversa, embora *racionalmente* válida, daquela que a ciência propunha, mas a uma arbitrária pretensão obscurantista de magistrados e instituições ultrapassadas, logo imbuídos de todo um conjunto de premissas acerca da responsabilidade penal escorados numa desabusada e desajustada «metafísica espiritualista», a usar a expressão de Matos (*id.*, p. vi). Uma metafísica que, se alimentava o direito, não procedia necessariamente dele. Uma metafísica onde repousaria a velha ordem obscurantista, clerical, e, para os republicanos, jesuítica - como a célebre discussão entre Miguel Bombarda e Manuel Fernandes Santana denunciará (ver atrás, parte I). Uma metafísica que era preciso rasurar, e, nesse movimento de rasura, erguer em simultâneo uma nova plataforma concetual.

Esta plataforma assentaria na redefinição do conceito de reponsabilidade penal, e, consequentemente, na redefinição dos meios e propósitos da arquitetura penal e judicial. Não tenho o propósito de seguir detalhadamente no presente trabalho os desenvolvimentos que isto foi potenciando no sistema penal português. Por um lado, é importante salvaguardar as imbricações profundas que isto virá a ter na Reforma Prisional de 1936. Por outro, destacaria aqui um dado verdadeiramente central que, com a consolidação da nova ordem jurídica e epistemológica em curso (e ela acontece após a instituição de todo um conjunto de medidas legislativas e reguladoras que serão objeto de análise adiante), parece manifestar-se constantemente: a dupla vertente teórica e prática do conceito de responsabilidade penal. Aquilo que era aí *doutrina* podia não funcionar na *prática* no mesmo sentido. Assim, por exemplo, se para Matos, a lei de 17 de agosto de 1899, que, segundo as suas palavras, «subordina às opiniões dos médicos [...] o procedimento dos magistrados» (1903, pp. 9-10), ou seja, circunscreve e hierarquiza competências, fazendo com que as opiniões acerca da «loucura» do agente sejam matéria exclusivamente médica, e os «procedimentos» penais ancorados em noções como a de «responsabilidade», sejam da competência estrita de magistrados, é interessante verificar que, para estes médicos, a *modernidade* jurídica representava uma reconstituição do conceito de responsabilidade penal, não se coibindo de, nas suas conclusões periciais, se manifestarem muito abertamente acerca de tal conceito, e, ironicamente, por solicitação formal de magistrados. Tal aproximação já se encontra patente no caso Marinho da Cruz (muito antes de uma resposta legislativa ao trabalho das perícias médico-legais que só ocorre a partir da lei de 17 de agosto de 1899) quando o tribunal (de um modo que constitui hoje, a um século de distância, apreciável ironia da história) pede aos peritos forenses que não apenas deem opinião sobre a loucura de Marinho, como também sugiram uma interpretação penal acerca da responsabilidade do arguido face à sua condição mórbida. Como se o tribunal delegasse nos médicos competências que, num outro plano (mais doutrinal, mais teórico), fossem pensadas como inegociável competência sua.[109] De forma particularmente notória, a constituição de um *quadro regulador* das relações entre médicos e magistrados acentuará esta delegação de competências. Será a produção de um sistema jurídico e epistemológico (que viria a articular uma diversidade de conhecimentos disciplinares) em que a ciência (e, em particular, a psiquiatria) terá poderes muito latos, o que moverá os reformadores.

A grande diferença entre o caso Marinho da Cruz e o caso Josefa Greno situa-se aqui. No primeiro, esse quadro está *ausente*. No segundo, ele está *presente*. No primeiro, temos o malogro da justiça, e, com ela, da ciência-nos-tribunais. No segundo, a triunfo da justiça, e, com ela, da ciência-nos-tribunais. No primeiro, temos a vitória da barbárie face à civilização. No segundo a vitória da civilização face à barbárie.

Apesar de não ter tido acesso direto ao processo Marinho da Cruz, é relativamente fácil verificar pelo seu impacto público que o problema central que ele vem exasperar não é, tão-só, aquele que faz opor por livre-arbítrio e determinismo, ou, pelo menos, ele só o é na medida em que tal problema filosófico (que excede a lei e a ciência, e atravessa as múltiplas instâncias em que se desdobra uma certa matriz de pensamento que apelidamos de ocidental) se refrata no interior de um outro que, no caso em apreciação, o molda e reorganiza segundo prerrogativas históricas precisas.

Refiro-me à oposição entre barbárie e civilização na qual se funda o *mito etiológico da modernidade*. Dir-se-ia que, neste quadro, opor livre arbítrio a determinismo seria fazer opor uma crença de natureza teológica e metafísica destituída de qualquer conteúdo explicativo, a uma outra, cuja

---

[109] Todo o meu contacto direto com inúmeros pareceres médico-legais me diz que, insistentemente, os magistrados pediam, nas conclusões médico-legais, que os peritos dessem o seu parecer sobre a questão da responsabilidade do arguido. Aceitava-se, assim, que os médicos se podiam pronunciar sobre conceitos estritamente jurídicos, como o de responsabilidade. Mais: os médicos eram interrogados *formalmente* (sob a forma de quesitos) sobre a responsabilidade penal. O potencial de dissenção era assim fortíssimo. Estranhamente, ele era raramente exercido. De bom grado, os magistrados davam aos médicos competências latitudinárias sobre matéria que era, *de jure*, sua.

premissa fundamental seria aquela que postularia uma descrição não apenas causal da natureza humana, mas também total. Há aqui uma espécie de novo *ecumenismo cognitivo* que a modernidade reclamava, não apenas porque pretendia explicar o mundo e com ele o homem na sua íntegra, mas também porque pretendia controlá-lo através de uma antecipação causal, cooptando o futuro e antecipando, eventualmente, o fundo deletério ou mórbido das ações humanas e suas implicações disruptivas (é nisto que se abastece, justamente, a Cosmopólis liberal e republicana).

O processo civilizacional viria a traduzir-se na constituição de uma ordem jurídica e epistemológica que articularia lei e ciência. Toda a polémica que atravessa os dois casos o diz. Todas as respostas diferenciadas do sistema, do malogro (Marinho da Cruz) ao triunfo (Josefa Greno), o dizem igualmente. Voltemos à polémica de forma a contrastá-la.

Se no caso Marinho da Cruz os partidários da nova ordem saíram a perder (instituindo-o, mais tarde, como uma espécie de hercúlea batalha travada em nome de um tempo por vir, e fazendo-o assim entrar no canône forense da psiquiatria portuguesa), no caso Josefa Greno, eles não só venceram a contenda, como o fizeram de um modo particularmente enfático. Miguel Bombarda está, neste aspeto, na linha da frente.

Agastado com a suposta polémica que se virá a instaurar após a publicação dos resultados da peritagem forense que dirigiu, Bombarda faz publicar em 1902 o parecer médico-legal na íntegra a que junta comentários e observações posteriores.

Dir-se-ia, pois, que toda a expressão pública deste caso (ou pelo menos uma parte considerável dela) se ficou a dever a um trabalho titânico dos peritos em nome de uma verdade que havia sido, mais uma vez, molestada pela ignorância dos leigos, e, em particular, da imprensa. Não temos muitos dados que nos permitam afirmar peremtoriamente que a suposta polémica só existiu, ou quase, na cabeça do inflamadíssimo Bombarda, mas, em rigor, os indícios de que houve uma polémica generalizada (como os testemunhos do médico de Rilhafoles parecem indiciar) acerca das conclusões periciais são insignificantes. Eles resumem-se, até onde me foi possível chegar, a uma caricatura publicada em *A Paródia* poucos dias depois da divulgação pela imprensa do relatório médico-legal (ver, *e.g.*, *DN*,

16 de outubro 1901, p.1). Josefa surge-nos aí representada pintando a justiça numa tela: um dos pratos da balança apresenta-se-nos descido sob o peso de um saco cheio de dinheiro, escrevendo-se em legenda: «Depois de pintar a manta, foi a Justiça que ficou pintada. Que pinta!!!» (*A Paródia*, 30 de outubro de 1901, n.º 94, p. 345). Ténue polémica, dir-se-ia.

Já na década de cinquenta do século xx, Luís Varela Aldemira, no exame que faz do caso Josefa Greno, escreverá o seguinte: «Só o prato da balança com o vil metal, no desenho parodista, insinuava um pensamento afrontoso que podia servir a todos, menos à doente de Rilhafoles, sem vintém e a gemer num quarto de terceira classe» (1951, p. 244). Aldemira, sem descontar o espírito acerbo e polemizador de Bombarda, levantará outra hipótese. A polémica teria as suas raízes no interior do próprio campo médico:

O assunto esgotava-se, arrumado pela clínica, pela justiça e pela imprensa. Todavia, sem os profanos suspeitarem, desencadeou-se uma agitação invulgar, entre os homens da psiquiatria, a respeito da pintora internada, à margem do mundo, sem ninguém de família ou da sua amizade que por ela cuidasse. Esse movimento inesperado, circunscrito ao ambiente dos laboratórios, provocou-o o diretor de Rilhafoles, desta maneira: convencido de que o seu relatório era uma obra prima de análise e argumentação incontroversa, pareceu-lhe natural traduzi-lo em francês, distribuí-lo pela Europa científica e recolher os pareceres favoráveis ao seu trabalho (*id.*, *ibid.*).

Foi justamente assim que procedeu Bombarda. E as implicações disso produziram uma insuspeitada polémica entre os seus pares que Aldemira resgata:

Quando as respostas vinham chegando do estrangeiro, Bombarda barafustava com os seus assistentes: - Há um que sentiu a falta do retrato de Josefa. Esquecemo-nos de fotografar a loucura. Para que serve isso, se a doida continuará doida? – Houve rebuliço desusado no gabinete médico de Rilhafoles, escarcéu surdo que não transpirou para fora.

Grande sarilho! E se o tribunal devolve o relatório de 4 de outubro e reclama a mulher para ser julgada? (*id.*, *ibid.*).

Aconselhado pelos seus colaboradores, Bombarda inicia novas observações clínicas, fazendo complementar o diagnóstico (do qual não abdica) com dados novos sobre Josefa. E é este conjunto de materiais (relatório, pareceres epistolares de eminentes psiquiatras do seu tempo e observações adicionais) que será publicado ainda em 1902 sob a assinatura coletiva do Conselho Médico-Legal de Lisboa, mas onde é clara a retórica empolada de Bombarda.

Escreve-se aí, logo de entrada, num conjunto de reflexões acerca do «caso Greno perante o público», em que se destaca o tom civilizacional e missionário de que se revestirá também este problema médico-legal:

[O]s tempos passam e as cenas de cegueira não cansam. Há 19 séculos pedia-se a morte do Justo. Hoje quere-se a morte e a condenação do Inocente e ainda mais se quer que a palavra de verdade emudeça e a consciência dos que julgam se entorpeça sob os clamores da paixão. E não é o alarido do selvagem que tenta impor-se, nem os ímpetos da loucura que estrangulam a verdade. É a mesma voz dos povos que se prezam de cultos, é aquilo a que se chama a opinião em países que se alçaram ao apogeu da civilização atual. [...] Pois bem, coisas por igual pavorosas se passam neste país que não menos afrontam a honradez e o tino de um povo. § Uma doida mata o marido. O crime passa-se em condições retumbantes pelo nome das pessoas e pela surpresa do sucesso. E foi tal o eco que encontrou no espírito público, tal a revolta que levantou a indignação popular, que a opinião apenas ficaria satisfeita com uma condenação, que não veio, e recebeu quase como uma violência e uma afronta a sentença de loucura proferida pelo tribunal de peritos. § Quem escreve estas linhas não quer iludir-se. O povo doeu-se com a solução dada ao caso Greno. A todo o custo queria a condenação da criminosa, alienada que fosse. Não se manifestou a revolta, é certo, sob tão cínico aspeto; antes se procurou adoçá-la com dúvidas sobre a ciência dos que tiveram de julgar e que o fizeram

com todos os recursos do seu saber e em toda a amplidão da sua consciência [...] No âmago do movimento, no insconsciente da alma popular,
o que na verdade ardia era o desejo impetuoso de que se condenasse
a criminosa, doida que fosse [...] São rompantes de paixão popular,
que fazem descer as gerações de hoje ainda abaixo do homem de há
cinco ou dez séculos. Nesses períodos de pesadas trevas os doidos
acabavam na fogueira e na tortura as possessões diabólicas [de] que
padeciam. [...] Hoje impõe-se a guilhotina ou a penitenciária àqueles
que por efeito de uma doença do cérebro deram em criminosos, desde
que o horror do crime apaixona os espíritos e os invadem ondas de
indignação (CMLL, 1902, pp. 1-4).

Fazendo repor a «sagrada defesa da verdade», Bombarda e os seus
colaboradores (*id.*, p. 4) dão-nos a seguir uma transcrição integral do
relatório médico-legal. Alonga-se por oito páginas (*id.*, pp. 5-13). Começa por uma perentória afirmação: «Começamos por afirmar que, Josefa
Garcia Greno é uma alienada, e mais precisamente uma paranóica, e que
o crime não é senão filho da sua loucura» (*id.*, p. 5). Descreve depois
as circunstâncias do crime, os indícios de que se fez a suspeita, a biografia sintomática de Josefa - «a história pregressa da doente» (*id.*, *ibid.*).
Apresenta detalhadamente a informação colhida aquando do «exame
direto». Sujeita a rigorosa observação durante três meses, Josefa revelaria
uma passionalidade superlativa que se desdobrava em «exaltação», «lágrimas», «explosões de choro»:

> O que mais sobressai nestas explosões passionais é o contraste do que
> ela julga ser com o que julga ser o marido. Ela é uma santa, uma criatura
> rara, raríssima, pela sua bondade, uma mulher grande, heróica, extraordi-
> nária. Ele um desequilibrado, um mau homem, um hipócrita, martirizando-a
> a ela com uma faca de pau, moendo-a, moendo-a, até a levar ao desespero
> final. Está aqui, para ela, a justificação do crime (*id.*, p. 7).

Sempre o contraste entre a passionalidade exasperante e patológica
de Greno e paciente civilidade do marido:

Há, na realidade, uma tal motivação? Adolfo Greno, consta do processo, era um caráter bondoso e um homem de educação. Há factos que parecem comprová-lo. Não há dúvida que ele tinha a mulher como pouco mais ou menos doida e com ela convivia; por outro lado, o atentado que precedeu meses a sua morte [Josefa já havia tentado matar o seu marido antes] devia levá-lo a precaver--se e ele antes tratou de ocultar perante os vizinhos aquilo que se passava e nenhumas precauções tomou contra o terrível desfecho que se preparava. A bondade e a afeição pela mulher justificariam a abstenção, mas é preciso estudar todas as hipóteses, mesmos as mais monstruosas. Seria Adolfo Greno tão descuidado perante o perigo, porque no *ménage* era a mulher quem ganhava, segundo ela diz? (*id.*, p. 7).

Mulher passional, mulher dominadora, Greno é objeto de uma passagem interpretativa que vai da ausência de reconhecimento de uma tragédia pessoal (o seu lamento era invariavelmente interpretado como o produto da sua alienação) à patologização do seu gesto. Josefa queixa-se sem cessar dos abusos do marido, chegando a alegar que este teria morto um filho, «o filho de uma amante» (*id.*, p. 8), mas nada disso tem outro significado que não seja aquele que lhe confere o seu estado mórbido: «Este exagero de apreciação, a maldade do marido por um lado, a bondade dela por outro, a que correspondem afetos igualmente excessivos, ódio ao homem, amor a ela própria, demonstra uma quebra de critério tão extraordinária que só pode ser patológica» (*id.*, p. 10).

Para Bombarda e seus colaboradores, «estes factos têm uma feição persecutória incontestável» (*id.*, p. 9), e Greno padece de sintomas de «auto-adoração», «megalomania», «absorção egocêntrica verdadeiramente anormal» (*id.*, *ibid.*), sendo que a ausência de delírio manifesto não quer dizer a ausência de um delírio ocluso: «Não há o delírio patente [...] mas há a feição extra-real das ideias claramente delirantes de outros paranóicos» (*id.*, p. 10). Trata-se de um «delírio de ciúme»: «E o delírio de ciúme sem delírio patente foi demonstrado pelo relator deste trabalho em livro

145

que corre impresso» (*id.*, *ibid.*).[110] Josefa Greno estaria, pois, «doida», sendo o crime de que era acusada «fruto imediato da sua doença mental» (*id.*, p. 13).

Perante as supostas (porventura ténues) reservas do público ao relatório médico forense, Bombarda contra-ataca, apelando à «autoridade»:

> Um de dois caminhos havia a seguir para convencer da verdade aqueles que ainda põem em dúvida a loucura de Josefa Greno. Seria um deles entreabrir aos olhos profanos o véu que envolve este mundo tão estranho que é um hospital de alienados [...] E o resultado tinha de ser magro, porque se o público lê facilmente as coisas científicas que se lhe expõem a largos traços, dificilmente prende a atenção a análises muito miúdas, em assunto tão alheio às preocupações gerais, como é a alienação mental. § Não se podia hesitar no caminho a seguir. Só o argumento de autoridade tinha valor para os espíritos sinceros. Daí esta consulta e os pareceres que em seguida publicamos (*id.*, p. 14).

Ele virá, pois, a solicitar a intervenção (sob a forma de correspondência científica) de algumas das luminárias da psiquiatria do seu tempo.

Interessa-me expor o sentido dessas intervenções epistolares. Para os peritos consultados, e segundo Bombarda, «todos concluem pela morbidez mental de Josefa Greno» (*id.*, p. 15).[111] O que importa destacar é a construção da autoridade e legitimidade técnica da intervenção pericial através do recurso a um conjunto de peritos em psiquiatria forense muito reputados (ver *id.*, pp. 30-62).

Neste sentido, foram chamados à colação Morselli, diretor da clínica psiquiátrica e lente de neuropatologia e eletroterapia da Real Universidade de Génova, Fries, diretor e primeiro médico do manicómio provincial de Nietleben de Halle ^{S}/Saal, Lombroso, professor de clínica

---

[110] Bombarda refere-se aqui ao seu estudo *O delírio do ciúme* (2001 [1896]).

[111] Aqui e ali afloram algumas dúvidas entre as quais avultam aquelas que se prendem com a classificação em que Josefa devia ser incluída. Alguns, como, por exemplo, Fries (*cit.* CMLL 1902, pp. 34-7) e Lombroso (*cit. id.*, pp. 37-8) referem a possibilidade de se estar perante um caso de histeria. Bombarda virá a contestar esta possibilidade (*id.*, p. 18).

psiquiátrica da Faculdade de Medicina de Turim, Matos, então diretor do Hospital de Alienados do Conde Ferreira e médico alienista do Conselho Médico-Legal da 2ª. circunscrição médico-legal (Porto), Hitzig, diretor da Real Clínica Nervosa e Psiquiátrica da Universidade de Halle, Ritti, médico da Casa Nacional em Charenton, Kraepelin, Diretor da Clínica Psiquiátrica da Universidade de Heidelberg, Séglas, médico do hospício de Bicêtre, Obersteiner, professor da Universidade de Viena, Tuczek, professor da Universidade de Marburgo, Schüle, diretor do manicómio de Illenau (Grão Ducado de Baden), Sommer, professor da Universidade de Glessen, Magnan, médico do asilo de Saint' Anne (Paris), Cramer, diretor do manicómio provincial de Hanover, Wernicke, professor da Universidade de Breslau, e Krafft-Ebing, professor de psiquiatria da Universidade de Viena.

Gostaria de destacar não tanto o conteúdo destes pareceres (cujas reticências Bombarda escamoteia, reticências essas que, até onde podemos apreciar pela sua transcrição, se deviam à impossibilidade em estudar o caso diretamente), mas antes o que tais pareceres, no seu conjunto, cumprindo um imperativo de legitimidade, consentem.

A sua reunião neste opúsculo e a retórica que recobre a suposta neutralidade científica das intervenções periciais só tem um sentido (que é explicitamente convocado, aliás, como único modo de repor a «verdade»): pretende-se «calar» a voz da paixão popular (como se ela tivesse uma expressão fortíssima, o que me parece contestável pelo que expus atrás), a enviezada circunstância do senso comum. O único modo de o fazer foi, disse, explicitar e afirmar a «autoridade» médica e científica. Mais. O único modo seria não dar qualquer espaço a futuras cogitações acerca da ausência de fiabilidade da ciência e suas incursões forenses. Como é que isto foi feito?

Fez-se repor a ciência médica portuguesa no contexto de legitimidade científica de onde ela procede. Os pareceres de psiquiatras reputadíssimos é, neste contexto, um lance dotado de uma dimensão não apenas *retórica* (e, neste sentido, persuasiva), mas também *dramatúrgica* (encena-se o drama da ciência vilipendiada no espaço público e a sua desapiedada contenda em nome da verdade). Esta dimensão dramatúrgica da sagrada ciência humilhada no espaço público é acentuada quando pensamos no modo como será recebido o relatório da autópsia de Josefa pela (de outro modo) demonizada imprensa da altura. Assim, *O Século* de 29 de janeiro de 1902 havia noticiado a morte de Josefa Greno e os resultados da autópsia que se lhe seguiu como «um verdadeiro triunfo para a opinião dos médicos alienistas» (p.3), e o *DN*, na sua edição de 30 de janeiro de 1902, enaltecendo os feitos da equipa de Rilhafoles, fará plasmar:

> Depois de feito o reconhecimento e de uma rápida visita a algumas dependências do edifício [Rilhafoles], bastante ainda assim para se apreciar a ordem em que tudo se acha e os melhoramentos ali introduzidos pelo sr. dr. Miguel Bombarda, que tem feito daquela casa uma das melhores do género, tivemos ensejo de ver o cérebro de D.ª Josefa Greno, que é um exemplar deveras curioso, pelas anormalidades que apresenta, mais que suficientes para explicarem as grandes perturbações do seu espírito (p.1).

Esta dimensão dramatúrgica da ciência que não admite contestação será ainda enfatizada numa concorrida sessão da Sociedade das Ciências Médicas de Lisboa em 1 de fevereiro de 1902. Tendo o cérebro e o coração de Josefa sobre a mesa, Bombarda, perante uma assembleia atenta, vai traçando rabiscos na ardósia, referindo-se aos seus colegas estrangeiros e à sua unânime defesa da irresponsabilidade da arguida:

> O orador acabou por se referir a estes conflitos que tão frequentemente se levantam entre os alienistas e a opinião pública, afirmando quanto aqueles devem estar fortes com a sua consciência para desprezarem as arremetidas de uma imprensa ruim, e não reconhecer outros juízes senão os seus pares, aqueles que se agrupam em sociedades científicas, como a Sociedade das Ciências Médicas, a quem o orador submete os seus trabalhos e as suas opiniões (Jornal da Sociedade das Ciências Médicas de Lisboa, n°.s 1 e 2, janeiro e fevereiro, 1902, p.60).

Ricardo Jorge intervirá em seguida, associando-se:

> do coração às manifestações de aplauso de que foi alvo o orador precedente, e lastima que numa cidade civilizada se produzam factos apenas toleráveis numa aldeia, isto é, o total desconhecimento da divisão nas funções sociais, de modo que cada um, menos bem inspirado, não hesite em criticar assuntos que estão inteiramente fora da sua competência. Acaba de dirigir ao presidente da Sociedade [Bombarda] palavras de louvor que a assembleia aplaude (*id.*, *ibid.*).

O que o opúsculo de 1902 se propõe fazer é afirmar, mais uma vez, e sem margem para dúvida, que a «cidade civilizada» não é de todo uma aldeia onde formas de solidariedade mecânica que se queriam ultrapassadas imperavam tornando os saberes (e as partições e complementaridades que se lhes associavam) improváveis. A cidade civilizada exigia a especialização, a autoridade e, em última análise, a não contestação da utopia de especialistas, a Cosmopólis, em que se fundava. Assim, no opúsculo de 1902, após se reiterar a loucura de Greno, a sua degeneração (CMLL, 1902, p. 80), escreve-se:

> É a sorte de todos aqueles que têm de intervir em questões que apaixonam a opinião, e principalmente é a sorte dos médicos alienistas que, mais tarde ou mais cedo, terão de entrar em conflito com as paixões populares. Acontece por toda a parte e a cada passo. No caso presente, porém, o que agravou a situação foi a aparência de lucidez da criminosa (*id.*, p. 81).

Veja-se como a lucidez de Greno seria apenas aparente. Veja-se como o seu substrato mórbido (e a verdade que se lhe inscrevia) só poderia ser desocultado por uma demorada e especialíssima arte de desocultação, uma fenomenologia médica e forense apuradíssima que, jogando com as ordens do visível e do invisível, do manifesto e do latente, revelaria aquilo que o vulgo não poderia, mesmo que o quisesse, fazer revelar. A verdade forense foi pois entregue aos especialistas. E este opúsculo é apenas a reiteração de uma ordem disciplinar nova que em 1902 já podia ser defendida sem apelação.

E é essa a principal diferença entre o caso Marinho da Cruz e o caso Josefa Greno. Porque se, no primeiro, a verdade não era ainda, incontestavelmente, uma questão de especialistas, no segundo, a verdade é, e sem possibilidade de contestação (por razões institucionais), uma questão de especialistas. Ou seja, o malogro da justiça no primeiro caso é entendido como o produto de uma falência institucional sem a qual a modernidade não poderia garantir a verdade e com ela a justiça. E no segundo, as vozes da constestação são apenas um eco de uma ordem ultrapassada que era necessário esmagar. Autoridade, pois. *Falência institucional*, no primeiro caso. *Eco*, no segundo. E eco porque Bombarda pretende tão-só calar as supostas vozes dissonantes, assumindo para si e para a sua equipa o dever de defesa do nicho de legitimidade institucional entretanto *conquistado*, e sem apelação, por todo um conjunto de regulamentos e leis que vinham pôr no eixo das instituições forenses os saberes científicos da biopolítica em consolidação.

Em suma, o malogro da justiça, no primeiro caso, ficou a dever-se à ausência de um quadro institucional em que a psiquiatria pudesse fazer valer as suas prerrogativas em nome da justiça, e, em última análise, da verdade disciplinar e do processo civilizacional de que era instrumento e desígnio. A afirmação, inapelável e sem negociação, dos valores da verdade científica e com ela da justiça, no segundo caso, já não era apenas *de facto*, mas, também, *de jure*. E se os factos poderiam ser contestados, as disciplinas na sua nova ordem reguladora e institucional não o seriam, pois elas tinham garantido a sua operatividade processual.

Assumindo pois que entre o caso Marinho da Cruz e o caso Josefa Greno (entre 1886 e 1901, portanto), alguma coisa tinha acontecido sob o ponto de vista institucional, cumpre-nos interrogar esse novo espaço institucional que vinha, pois, garantir o processo civilizacional. Um novo espaço institucional. Uma nova ordem epistemológica e jurídica na qual viria a ter lugar privilegiado o conhecimento psiquiátrico.

CAPÍTULO VIII

REGULAÇÃO

Em Portugal, no mesmo período em que decorrem os casos Marinho da Cruz e Josefa Greno, sérias transformações se dão no plano da articulação penal em que tais crimes deveriam ser apreciados.

Assim, em primeiro lugar, enfatizaria a reforma penal de 1884, ou «nova reforma penal». Até essa data, o que subsistia em termos penais era fundamentalmente o código de 1852. A nova reforma penal compreendia, como nos esclarece Eduardo Correia (1999, p. 111), uma parte de caráter geral com 90 artigos dotados de novas disposições, e uma parte de caráter especial em que se alteravam várias determinações do anterior código de 1852. Seguindo de perto Correia (*id.*, pp. 110-2), mas também Beleza dos Santos (s/d), é importante destacar aqui que, entre o código de 1852 e a nova reforma penal de 1884, se tinha feito publicar um conjunto de diplomas que alteraram de forma significativa o articulado de 1852. Entre estes, destaca-se a reforma penal de 1867, que aboliu a pena de morte (a qual se não executava desde 1846), e que introduziu o sistema penitenciário celular, com isolamento diurno e noturno dos presos. Tudo isto haveria de ter o seu desenlace na publicação do código penal de 1886.[112]

Este é, em termos mais ou menos latos, o quadro penal em que se virão a desdobrar as prerrogativas sobre a responsabilidade em casos

---

[112] Que, em muitos aspetos, se viria a revelar perfeitamente inadequado, como assinalam os dois juristas aqui citados (Correia, 1999, pp. 112-3 e Santos, s/d). Para uma avaliação do contexto histórico em que estas medidas emergem, ver Vaz (1998, pp. 15-30).

de pretextada alienação mental. Assim, o Código Penal (a partir daqui CP) de 1886, determinava no seu artigo 26.º, que «[s]omente podem ser criminosos os indivíduos que têm a necessária inteligência e liberdade». Por seu turno, no artigo 42.º escreve-se no seu § 2 que são insuscetíveis de imputação «[o]s loucos que não tiverem intervalos lúcidos», e no artigo 43.º § 2 acrescenta-se que não são imputáveis «[o]s loucos que, embora tenham intervalos lúcidos, praticaram o facto no estado de loucura». No § 3 do mesmo artigo 43.º escreve-se que são inimputáveis «[o]s que, por qualquer motivo independente da sua vontade, estiverem acidentalmente privados do exercício das suas faculdades intelectuais, no momento de cometerem o facto punível». E finalmente o artigo 47.º preceituava que «[o]s loucos que praticando o facto forem isentos de responsabilidade criminal, serão entregues a suas famílias para os guardarem, ou recolhidos em hospital de alienados se a mania for criminosa ou se o seu estado o exigir para maior segurança». (Ver edições do CP citadas na bibliografia: 1886a e 1886b; para uma leitura comparativa e coeva acerca deste conjunto de artigos e do seu alcance específico, ver Oppenheimer, 1909, pp. 37-79).

Contornando o desafio de uma leitura acerca dos pressupostos filosóficos em que assentava a matriz vocabular deste articulado, sobretudo no que diz respeito ao valor jurídico que aí auferiam expressões como, por exemplo, «liberdade», «loucura» ou «intervalo lúcido» (para uma crítica da época a esta última noção, ver, *e.g.*, Lucas, 1887, pp. 167-8; ver também Matos, 1884, pp. 367-9), cumpre-me simplesmente assinalar que esta foi a moldura penal relevante para os casos aqui em apreciação, cabendo acrescentar que, apesar de julgado em sede de tribunal militar, a legislação adequada à determinação da responsabilidade (ou irresponsabilidade) de Marinho da Cruz era aquela que se encontrava plasmada no CP de 1886, como o confirma, em termos gerais, o Código de Justiça Militar aprovado por carta de lei de 9 de abril de 1875, onde, no seu artigo 5.º, se escreve que aos «crimes comuns» cometidos por militares seriam «aplicáveis as disposições do código penal ordinário em tudo quanto a respeito de semelhantes crimes não for derrogado no presente código» (pp.2-3), e, em termos mais específicos, o acórdão do Tribunal Superior de Guerra e Marinha que, na sua condenação do réu, invocará os artigos 349.º e 351.º do Código Penal ordinário de 1886 que se referem a penas de prisão maior celular e de degredo (ver processo individual de Marinho da Cruz junto do Arquivo Geral do Exército, caixa 957, n.º 579).[113] Mais, no primeiro julgamento de 1887, Marinho da Cruz tinha sido isentado de responsabilidade criminal à luz dos já citados artigos 41.º, 42.º, 43.º e 47.º do código penal ordinário (ver, a este propósito, a detalhada transcrição da primeira sentença incluída no *DN* do dia 7 de julho de 1887, quinta-feira, p.1).

Seja como for, o que é decisivo para nós é tentarmos perceber antes o que diferencia estes dois casos sob o ponto de vista *processual*. Porque é aí que se pode perceber melhor a institucionalização *in the making* da psiquiatria forense. É por aqui que podemos perceber as razões do malogro do caso Marinho da Cruz e da impossibilidade institucional de tal malogro ocorrer de novo (apesar da celeuma) no caso Josefa Greno. Isto basicamente, e volto a reforçar este ponto, porque se não existia um dispositivo que regulasse a economia política da verdade e da justiça (na sua mútua imbricação) no primeiro caso, esse dispositivo já estava assegurado no segundo caso. E qual o elemento arbitral e decisório sem o qual a verdade científica poderia ser contestada e, eventualmente (como no caso Marinho da Cruz), recusada? Foi sem dúvida *a criação dos conselhos médico-legais* o fator axial de institucionalização da verdade científica (inegociável) nos tribunais. E esta medida legislativa articular-se-á com outras que traduzirão um quadro regulador das relações entre justiça e ciência inteiramente renovado.

---

[113] Transcrevo aqui o conteúdo destes artigos contidos no CP de 1886: «Art. 349.º Qualquer pessoa que voluntariamente matar outra será punida com oito anos de prisão maior celular seguida de degredo por doze, ou, em alternativa, com a pena fixa de degredo por vinte e cinco anos.» Art. 351.º: «Será punido com a pena de prisão maior celular por oito anos, seguida de degredo por vinte anos com prisão no lugar do degredo até dois anos, ou sem ela, conforme parecer do juiz, ou, em alternativa, com a pena fixa de degredo por oito a dez anos, o crime de homicídio voluntário declarado no artigo 349.º, quando concorrer quaisquer das circunstâncias seguintes: § 1.º Premeditação [...]».

§

Sabemos que a constituição de um quadro institucional em que verdade científica e justiça se foram progressivamente aproximando foi um processo lento. Um dos seus elementos centrais tem a ver com a emergência da medicina legal ou forense, em sentido lato (de que a psiquiatria forense é parte integrante), em território português e sua consolidação institucional.[114] O que é interessante verificar é que só em 1899 se dá a organização dos serviços médico-legais em Portugal (lei de 17 de agosto de 1899).[115]

Antes de 1899, são, porém, implementados dois decretos decisivos. Refiro-me às leis de 4 de julho de 1889 e de 3 de abril de 1896. O primeiro procurava legislar sobre a rede administrativa (à escala nacional) em que se deveria fazer face ao problema institucional que a alienação mental comportava. O segundo compreendia jurisprudência para o caso de crime com suspeita de alienação mental. Deverá juntar-se-lhes o decreto de 16 de novembro de 1899 que regulava o funcionamento dos serviços médico-legais, que Bombarda cita, e que aufere, à luz do nosso argumento, um lugar proeminente, e ainda o regulamento de 8 de fevereiro de 1900 que contém instruções e um questionário sobre o modo como se

---

[114] Para uma primeira abordagem deste aspeto, ver, *e.g.*, Lima (1906). O estudo de Pires de Lima, apesar de útil, enferma, como seria inevitável (dado o período em que foi escrito e publicado), de uma conceção, também ela, épica e civilizadora da medicina legal. Seja como for, abre pistas empíricas que deveriam ser seguidas. Dois estudos de caso fascinantes para perceber a medicina legal portuguesa no período da sua institucionalização são os de Joana Pereira (1876) e de Urbino de Freitas (1892). Para uma identificação de fontes, ver Curto (1995, p. 190n27).

[115] E apenas em 1900 se passa a ministrar o ensino autónomo da medicina legal nas escolas médicas do país. Pires de Lima escreve a este propósito: «Só em 1899 se organizou entre nós [...] este importante ramo de serviço público, *e no ano imediato completava- -se a excelente obra com a criação do ensino autónomo da medicina legal nas Escolas, separando-a da cadeira de higiene*» (1906, p. 67). Escreve ainda, num detalhado breviário dos «serviços médico-forenses em Portugal», o então Presidente da Sociedade de Ciências Médicas de Lisboa, Azevedo Neves: «Em 1836 (art.º 83 do Decreto de 5 de dezembro) criou- -se em Coimbra a cadeira de Medicina-Legal e Higiene; em 1863 separaram-se da cadeira de clínica médica das Escolas de Lisboa e Porto (artigo 3.º da Lei de 26 de Maio de 1863) as disciplinas de higiene e de medicina-legal para constituirem uma nova cátedra, que começou a ser regida em 1864. Somente em 1899 se organizaram os serviços médico- -forenses; *em 1900 criaram-se as cadeiras de higiene e medicina-legal separadas*» (1922, p. 198). Este texto de Azevedo Neves constitui, tal como o de Pires de Lima, uma fonte incontornável para quaisquer pesquisas em torno da emergência e institucionalização da medicina-legal no nosso país.

procederia em exames médico-legais (entre os quais avultavam os «exames de alienação mental») realizados por médicos não especialistas.

Dir-se-ia que todas estas medidas, se traduzem numa espécie de imparável reorganização do sistema forense à luz de um modelo biopolítico. Em suma, as leis de julho de 1889, abril de 1896, agosto de 1899 (a que se juntam o regulamento de novembro de 1899 e o questionário e instruções de fevereiro de 1900), constituem, na sua globalidade, a plataforma reguladora (o «dispositivo» foucauldiano) a partir da qual a psiquiatria forense portuguesa passará a exercer as suas prerrogativas institucionais. Passo, pois, a descrever o conteúdo e o alcance destas medidas.

§

A *4 de julho de 1889* é publicada lei relativa ao «serviço de alienados». Esta lei procurava dotar o território nacional de uma rede a partir da qual se pudesse solucionar administrativamente, à escala nacional, o problema da alienação mental. Esta lei nunca viria a ser implementada.

Contempla doze artigos que dividem o país em círculos administrativos, autorizam o governo a mandar construir diversos estabelecimentos, a requalificar Rilhafoles, a dar destino aos alienados indigentes e criminosos, a criar receitas e fundos a partir dos quais se possa proceder às reformas, abrindo também espaço à criação de regulamentos hospitalares. Os primeiros quatro artigos referem-se à criação de «estabelecimentos para alienados» tendo em conta um conjunto de círculos administrativos:

> Artigo 1.º O continente do reino e ilhas adjacentes é dividido, para o efeito do serviço dos alienados, em quatro círculos, compostos de distritos administrativos. § único. O primeiro círculo será constituído pelos distritos de Viana do Castelo, Braga, Bragança, Vila Real, Porto e Aveiro; o segundo pelos distritos de Coimbra, Vizeu, Guarda, Castelo Branco e Leiria; o terceiro pelos de Santarém, Lisboa, Portalegre, Évora, Beja, Faro e Funchal, e o quarto pel[o]s da Horta, Angra do Heroísmo e Ponta Delgada. § Art. 2.º É autorizado o governo a construir e mobilar, nos limites da receita criada para esse fim, os seguintes estabelecimentos

para alienados: § 1.º Um hospital para seiscentos alienados dos dois sexos, em Lisboa, devendo ter condições especiais para o ensino da clínica psiquiátrica, e duas enfermarias, uma para cada sexo, em condições adequadas para nelas se recolherem os alienados criminosos que tenham de ser sequestrados por ordem da autoridade pública; § 2.º Outro, pelo mesmo modelo, para trezentos alienados dos dois sexos em Coimbra; 3.º Ou[t]ro para duzentos alienados dos dois sexos na ilha de S. Miguel; § 4.º Um asilo para duzentos idiotas, epiléticos e dementes inofensivos dos dois sexos, no Porto, ou nas suas proximidades, uma vez que se encontre perto desta cidade algum edifício que possa adaptar-se com facilidade para esse fim; § 5.º Enfermarias anexas às penitenciárias centrais, em condições próprias para nelas se tratarem alienados. § Art. 3.º É igualmente autorizado o governo a converter, logo que as circunstâncias o permitam, o atual hospital de Rilhafoles em asilo para trezentos idiotas, epiléticos e dementes inofensivos dos dois sexos. § Art. 4.º Os alienados, idiotas e epiléticos, indigentes, residentes em cada um dos círculos mencionados no artigo 1.º, devem ser recolhidos e tratados nos estabelecimentos respetivos, devendo incluir-se nestes o hospital do Conde de Ferreira, no Porto (*Coleção Oficial de Legislação Portuguesa* [a partir daqui *COLP*], 1889, p. 318).

Se em termos muito genéricos, o alcance regulador deste articulado pode ser compreendido à luz dos artigos citados, em termos mais específicos, que se prendem com as relações entre alienação mental e crime, o articulado desdobra-se no seguinte conjunto de medidas:

Art. 5.º Os alienados criminosos serão recolhidos e tratados nas enfermarias anexas às penitenciárias centrais, e nas que igualmente lhe são destinadas no hospital de Lisboa. § 1.º Serão colocados nas enfermarias anexas às penitenciárias: § 1.º Os condenados a penas maiores que aparecerem alienados ou epiléticos durante o cumprimento da pena; § 2.º Os indiciados ou pronunciados por crimes a que correspondem penas maiores, quando tenha sido ordenado o exame médico-legal por se suspeitar ou se alegar o estado de alienação mental dos réus, quer como circunstância dirimente dos crimes, quer como motivo para a suspensão do processo. Esta disposição só se verificará quando os peritos forem de opinião que o mencionado exame não pode ser feito senão num estabelecimento de alienados; § 3.° Todos os indiciados ou pronunciados por crimes a que correspondam penas maiores, quando aparecerem alienados no período que decorre desde a instauração do processo até ao julgamento. § 2.° Serão colocados nas enfermarias especiais do hospital de Lisboa: § 1.° Os indivíduos acusados de crimes a que correspondam penas maiores, cujo processo foi suspenso, ou que foram absolvidos por motivo do seu estado de alienação mental no momento de praticarem os factos criminados; § 2.° Os condenados alienados a que se refere o n.° 1.° do parágrafo precedente, quando, ao expirar a pena, não seja conveniente, por sofrerem de alienação mental perigosa, transferi-los para os hospitais de círculos respetivos, ou entregá-los às famílias (*id.*, *ibid.*).

§

A *3 de abril de 1896* faz-se publicar a lei relativa aos procedimentos a tomar em caso de suspeita de alienação mental de um réu. Citaria aqui extensivamente os artigos que me parecem mais relevantes para se aceder ao seu alcance:

Artigo 1.° Quando em juízo se dê participação de algum facto que a lei qualifique de crime ou delito cometido por indivíduo alienado, ou suposto alienado, deverá logo o juiz ordenar *ex officio* exame médico para que se averigue se o agente é suscetível de imputação, na conformidade das disposições da legislação penal. § único. Quando o juiz não ordene *ex officio* o mencionado exame, deverá este fazer-se logo que o requeiram o ministério público ou algum ascendente, descendente ou cônjuge do indigitado criminoso. § Art. 2.° Deverá proceder-se também a exame médico-legal, quando for praticado algum crime ou delito que, pela sua natureza e circunstâncias especiais, ou pelas condições do agente, possa justificar a suspeita ou presunção de que este procedera em estado de alienação mental; e bem assim quando esta seja invocada para explicação do facto e defesa do seu autor por este, ou por qualquer das pessoas designadas no parágrafo antecedente. [...] § Art. 4.º Se o facto constituir crime ou delito a que seja aplicável alguma das penas maiores, o exame médico-legal será feito sempre com intervenção de dois peritos e de um terceiro, quando seja preciso para desempate. § Art. 5.º O exame será feito na comarca onde o facto ocorreu, se nela houver número suficiente de peritos, e quando estes forem de opinião que o exame pode aí ser feito. § 1.º Quando não houver número suficiente de peritos na comarca, poderá o exame ser feito em qualquer outra das mais próximas, onde haja número de peritos exigido por esta lei, salvo o direito do ministério público requerer que o exame se faça num estabelecimento de alienados. § 2.º Quando os peritos em qualquer dos casos anteriores, forem de opinião que o exame só pode ser feito em um estabelecimento de alienados, proceder-se-á nos termos do artigo 6.º § Art. 6.º Quando se dê o caso de que trata o artigo 2.º da presente lei, o juiz poderá oficiosamente, ou a requerimento do ministério público, ou de parte legitimamente interessada no processo, ordenar que o exame médico se faça num estabelecimento de alienados; e pela mesma forma poderá determinar que se proceda ali a segundo exame, se o que tenha sido feito pelos peritos da comarca for insuficiente para se ajuizar da imputabilidade do agente do facto criminoso. § Art. 7.º O exame nos estabelecimentos de alienados será ultimado dentro do prazo de dois meses; este prazo, porém, deverá ser prorrogado se houver suspeita de simulação de loucura, ou necessidade justificada de uma mais longa observação. [...] § Art. 10.º No auto de exame deverão intervir dois peritos de entre o pessoal clínico do estabelecimento, mas, se houver um só, ou se as declarações dos dois não forem conformes, o juiz que tiver de presidir ao ato ordenará que se escolha e notifique outro perito de entre os médicos que se distingam pelos seus conhecimentos de moléstias mentais. § Art. 11.º Os peritos deverão declarar se o indivíduo examinado padece de loucura permanente ou transitória, e se praticou o ato sob a influência daquele padecimento, estando privado da consciência dos próprios atos, ou inibido do livre exercício da sua vontade. § Art. 12.º Se no decurso da instrução de algum processo o indiciado der manifestações de loucura, comprovadas pelo exame médico, será suspensa a acusação até que tenha recuperado o uso normal das suas faculdades mentais. [...] § Art. 13.º Terá o destino designado no artigo 5.º da lei de julho de 1889 os alienados seguintes: § 1.º Os que tendo praticado factos puníveis com alguma das penas maiores, não forem pronunciados como autores do crime por motivo de loucura; 2.º Os acusados por crime a que a mesma penalidade corresponda, cujo processo esteja suspenso nos termos do artigo antecedente, e os que forem absolvidos com o fundamento de terem infligido a lei em estado de alienação mental. § Art. 14.º O alienado que tiver cometido algum ato a que corresponder penalidade inferior à fixada no artigo antecedente, deverá ser entregue, por ordem do tribunal, à família para o guardar. [...] Art. 19.º Os condenados em pena de prisão maior que, durante o cumprimento da pena, aparecerem alienados, serão recolhidos nas enfermarias a que se refere o artigo 5.º § 1.º da lei de 4 de julho de 1889. § Art. 20.º Logo que algum recluso dê manifestações de perturbação mental, o diretor da cadeia ordenará que seja submetido a observação médica. [...] § Art. 26.º Se algum condenado em prisão correcional enlouquecer, o respetivo agente do ministério público promoverá que se proceda a exame para se dar ao preso o tratamento adequado [...] (*COLP* 1896, pp. 139-40).

§

A 17 de agosto de 1899 era publicada a lei que dividia o país em três circunscrições médico-legais, criando ainda uma «morgue» junto das faculdades de medicina e escolas médico-cirúrgicas e um Conselho Médico-Legal na sede de cada uma das circunscrições identificadas. A lei virá a regular ainda os honorários dos membros dos conselhos médico-legais e os montantes e receitas envolvidos nas atividades dos conselhos. Da lei, composta de dezanove artigos, cito aqui os mais centrais à produção do dispositivo médico-legal:

Artigo 1.º O continente do reino será dividido em três circunscrições médico-legais, cujas sedes serão Lisboa, Porto e Coimbra. § Art.

2.º Junto da faculdade de medicina e de cada uma das escolas médico-cirúrgicas, será criada uma *morgue*, destinada não só para as funções médico-forenses, mas também para o ensino prático da medicina legal, ministrado aos alunos da respetiva cadeira escolar. § Art. 3.º Na sede de cada uma das circunscrições funcionará um conselho médico-legal, composto de médicos efetivos e adjuntos. § Art. 4.º Serão membros efetivos do conselho médico-legal, o professor de medicina legal, o professor de anatomia patológica, um médico alienista e um químico analista. § 1.º Serão adjuntos do conselho, os professores de patologia geral, de obstetrícia, de toxicologia, de química orgânica e de química inorgânica. § 2.º Cada um dos adjuntos terá lugar no conselho, com voto, somente quando se tratar de matéria da sua competência especial. § 3.º Presidirá ao conselho o membro efetivo que for professor mais antigo. Mas, aos exames médico-forenses feitos pelo conselho, sem ser em virtude de recurso, presidirá sempre o juiz de direito do respetivo processo, sem voto. [...] § Art. 5.º O médico-alienista e o químico alienista serão nomeados pelo governo, de entre os que forem funcionários do estado. [...] Artigo 6.º Os exames cadavéricos, os de alienação mental, e os de quaisquer casos em que o ministério público assim o requeira, serão feitos, nas comarcas de Lisboa, Porto e Coimbra, pelo respetivo conselho médico-legal, e nas outras comarcas, serão presididos pelo juiz de direito, com assistência do ministério público, e feitos por dois médicos, pelo menos, sempre que os haja dentro da área da comarca. § único. Os demais exames médico-legais continuarão a ser feitos por peritos médicos, na forma da lei vigente. § Art. 7.º Nos exames que não forem feitos pelos conselhos médico-legais deverão os peritos observar o questionário e as instruções especiais que um regulamento determinará. § único. Destes exames poderá interpor-se recurso para o conselho médico-legal da respetiva circunscrição. § Art. 8.º Os juízes, presidentes dos tribunais, corresponder-se-ão diretamente com os conselhos, sobre as funções da competência destes. § Art. 9.º Haverá em cada comarca, e a cargo do juiz de direito, uma caixa com instrumentos de autópsia e outros aprestos indispensáveis para uso dos peritos. § único. Estas caixas serão distribuídas pelo ministério da justiça, mas pagas pelas câmaras municipais dos conselhos existentes na área comarcã, e pela forma indicada pelo governo. § Art. 10.º O juiz do processo ou o respetivo agente do ministério público, poderão, sempre que o julguem necessário para elucidação da justiça, consultar o conselho médico-legal da respetiva circunscrição, sobre todo ou parte do relatório dos peritos, mas sem que as respostas prejudiquem a validade dos corpos de delito. § 1.º Os magistrados judiciais e do ministério público das comarcas das ilhas adjacentes poderão também consultar, nos termos deste artigo, o conselho médico-legal de Lisboa. [...] § Art. 12.º Para o estudo antropométrico, biológico e social dos criminosos serão criados dois lugares de médicos-antropologistas-criminais em Lisboa, e um no Porto, que funcionarão junto das respetivas cadeias civis e casas de correção. Em Coimbra será este lugar desempenhado cumulativamente com o de médico da penitenciária, sem direito a gratificação especial. § Art. 13.º Os médicos antropologistas serão nomeados pelo governo, de entre os que forem funcionários do estado, com direito a uma gratificação, que será determinada em regulamento [...] § 1.º Compete a estes médicos a organização científica da estatística criminal, e a elaboração de um relatório anual, onde proporão ao governo todas as medidas que a prática do serviço e o progresso da ciência antropológica aconselharem. § 2.º Estes funcionários prestarão, quando lhes forem requeridos, esclarecimentos e auxílios profissionais do seu cargo, aos magistrados judiciais de Lisboa, Porto e Coimbra, e aos conselhos médico-legais respetivos. § Art. 14.º Fica o governo autorizado a remodelar o ensino das cadeiras de medicina legal, em harmonia com as indicações científicas que dimanam da presente organização de serviços [...] Art. 18.º O governo fará os regulamentos necessários para a execução da presente lei [...] (*COLP* 1899, pp. 327-8).

§

A *16 de novembro de 1899*, e em conformidade com o disposto no artigo 18.º da lei de 17 de agosto de 1899, era publicado o regulamento dos serviços médico-legais. O regulamento desdobra-se em múltiplos aspetos: circunscrições médico-legais (comarcas pertencentes a cada circunscrição) (artigo 1.º), morgues e seu funcionamento (artigos 2.º a 24.º), constituição e competências dos conselhos médico-legais (artigos 25.º a 50.º), «análises químico-toxicológicas» (artigos 51.º a 60.º), «Recursos e consultas» (artigos 61.º a 80.º), atribuições e competências de «funcionários auxiliares» (artigos 81.º a 90.º), «médicos antropologistas criminais» (artigo 91.º a 103.º), «exames feitos nas comarcas do reino» (exames realizados por médicos de comarca e por médicos dos conselhos) (artigo 104.º a 113.º), «substituições» (artigo 114.º a 119.º) e «disposições transitórias» (artigo 120.º a 125.º) (*Regulamento dos Serviços Médico-legais* [a partir daqui *RSML*], 1900, pp. 3-48).

§

Finalmente, a *8 de fevereiro de 1900*, era publicado o «questionário e instruções, que, na conformidade do artigo 7.º da lei de agosto de 1899, devem observar-se nos exames que não forem feitos pelos conselhos médico-legais» (*COLP*, 1900, p. 16).

O questionário pretende assim ser um conjunto de instruções que regulem a ação da medicina-legal em todas as comarcas de que se compunha o território. Pretendia-se assim dar aos médicos ou «facultativos» de comarca um modelo dos procedimentos a seguir. Não apenas por uma vontade de sistematização de princípios que o dispositivo médico-legal requeria (e as perguntas que tal dispositivo exigia ver respondidas), mas também porque não havendo especialistas em medicina-legal em todo o país (cuja ação se confinava em grande medida aos conselhos médico-legais), se impunha, por razões práticas, «delegar» competências a médicos de comarca. Delegar competências (ainda que provisoriamente, já que os pareceres produzidos por estes médicos eram depois revistos por especialistas dos conselhos médico-legais) fazia supor ceder a estes médicos os elementos normativos e técnicos mínimos a partir dos quais se realizassem as perícias.

Este questionário e instruções desdobra-se em vários capítulos. O «capítulo I», «exames no vivo», contém uma primeira secção que se refere a «exames de alienação mental» (*id.*, pp. 16-7). É esta que nos interessa destacar aqui.

Para lá de uma «introdução» relativa a preceitos de ordem burocrática que os peritos deviam satisfazer nos seus relatórios (*id.*, p. 16), dir-se-ia que boa parte das perguntas a que os peritos tinham de dar resposta exigia uma *apuradíssima fenomenologia médica.* Estas perguntas compreendiam três momentos do relatório: «história do caso» (que é, sobretudo, uma história muito detalhada do indivíduo sob exame) (*id.*, *ibid.*), «resultado do exame direto» (minucioso exame físico e psicológico do indivíduo sob exame) (*id.*, p. 17) e «opinião» (síntese dos factos indiciadores de alienação mental, enumeração de sintomas, identificação da entidade mórbida, elementos conclusivos e resposta a quesitos solicitados) (*id.*, *ibid.*).[116]

§

Estes articulados viriam a formar a moldura institucional em que se enquadrariam os desempenhos da ciência-nos-tribunais, e, em particular, da psiquiatria forense enquanto ramo de conhecimento da medicina legal.

O que ocorre entre os anos de 1888 (data do segundo julgamento de Marinho da Cruz) e 1900 (cerca de ano e meio antes do crime cometido por Josefa Greno) é a constituição de um verdadeiro aparelho ou dispositivo regulador das relações entre a ciência e as instituições forenses. O que o liberalismo *fin-de-siècle* realiza é, seguramente, a formalização deste dispositivo.[117] Um dispositivo de saber que articulava *conhecimentos* de outra forma dispersos. Um dispositivo que parecia enquadrar

---

[116] A maior parte dos médicos não possuíam recursos técnicos e científicos para se pronunciarem com tanto detalhe sobre os réus que examinavam. Muitos dos seus pareceres encontram-se incompletos - face às exigências que se lhes colocavam neste questionário - ou insinuam, justamente, a incompetência técnica de quem os produziu, como pude atestar junto dos relatórios médico-forenses - «exames mentais» - produzidos por médicos de comarca que se encontram no arquivo do Instituto Nacional de Medicina Legal, e relativos ao Conselho Médico-Legal de Coimbra durante um período que vai de 1921 a 1936. Muitos destes pareceres eram indeferidos dado o seu caráter manifestamente lacunar. Outros, solicitavam a intervenção de peritos com conhecimentos especializados em psiquiatria.

[117] Estamos aqui perante um «campo», ou «alinhamento de forças» que exercerá sobre o espaço social vastíssimos efeitos de poder (ver, *e.g.*, Rouse [1994, pp. 92-114]).

milimetricamente práticas e tecnologias a partir das quais se ergue um novo paradigma penal.

Estamos em plena reiteração das propostas de Michel Foucault acerca do modo como *lei, disciplina* e *norma* se imbricam na modernidade. Tudo isto releva de um dos traços da modernidade ou do modo como, os processos em que ela se traduziu, encontraram a sua legitimidade institucional.

Aquisição moderna, a sistematização de códigos, e em particular de códigos penais, é, para os seus proponentes, assumida e inquestionavelmente, um dado de civilização. Não irei fazer uma resenha histórica deste problema, nem me interessa dilucidar a sua progressiva constituição no caso português.[118] Não me parece, porém, estéril comentar aqui, à luz dos meus materiais empíricos, as intuições de Michel Foucault a este respeito.

A formatação de grandes sistemas setoriais nos quais se haveria de fundar a ordem jurídica põe sérias reservas à ideia, particularmente cara a Foucault nesse contínuo que vai de *Surveiller et punir* (1993 [1975]) ao primeiro volume de *História da sexualidade* (1994b [1976]), de que a modernidade fez supor um *recuo da lei em nome da disciplina*.[119] Dir-se-ia antes que a disciplina, no seu afã normalizador, foi cooptada pela lei, metamorfoseando-se esta em nome daquela, como, de um modo talvez ambíguo, Foucault reconhece a dado passo:

> *Não quero dizer que a lei desapareça ou que as instituições de justiça tendam a desaparecer; mas que a lei funciona cada vez mais como uma norma e que a instituição judicial se integra cada vez mais numa*

---

[118] Ver, a este propósito, Marques (s/d [1993]). Acerca deste aspeto e de outros que se prendem com as medidas processuais e com as reformas de que foi objeto o aparelho de justiça em Portugal durante o século XIX, ver Vaz (1998, pp. 15-30).

[119] É importante destacar algumas das suas palavras em *A vontade de saber*: «[S]e é verdade que o jurídico serviu para representar, sem dúvida de forma não exaustiva, um poder essencialmente centrado no imposto e na morte, é absolutamente heterogéneo aos novos processos de poder que funcionam não no direito, mas na técnica, não na lei, mas na normalização, não no castigo, mas no controlo, e que se exercem a níveis e por formas que ultrapassam o Estado e os seus aparelhos. Entrámos, agora já há séculos, num tipo de sociedade em que o jurídico cada vez pode menos codificar o poder ou servir-lhe de sistema de representação» (Foucault, 1994b [1976], p. 93). Para um comentário crítico às premissas disciplinadoras em que se funda a conceção de modernidade foucauldiana, ver, *e.g.*, Garland (1990, pp. 131-75).

continuidade de aparelhos (médicos, administrativos, etc.) cujas funções são sobretudo reguladoras. Uma sociedade normalizadora é o efeito histórico de uma tecnologia de poder centrada na vida. Relativamente às sociedades que conhecemos até ao século xviii, entrámos numa fase de regressão do jurídico; as constituições escritas no mundo inteiro desde a Revolução Francesa, os códigos redigidos e remodelados, toda uma atividade legislativa permanente e ruidosa, não nos devem iludir: essas são as formas que tornam aceitável *um poder essencialmente normalizador* (1994b, p. 146; itálicos meus).

Estamos perante a emergência e consolidação de um modelo biopolítico. Uma festejadíssima forma de constituição de um modelo biopolítico, diga-se.

Em 1903, no Congresso Internacional de Medicina, reunido em Madrid de 23 a 30 de abril de 1903, Júlio de Matos apresentará um relatório com o título «*L' assistence des alienés criminels au point de vue legislatif*».[120] Nesse relatório, Matos concentra a sua atenção nas leis de abril de 1896 e agosto de 1899. Analisando, em particular, as disposições consagradas na lei de 1899, Matos «referiu a prescrição do regulamento de que os pareceres do conselho não podem ser invalidados, e a importância desta determinação» (Neves, 1922, p. 214). O Congresso assumirá como *modelares* as propostas legislativas portuguesas (quer a de abril de 1896 quer a de agosto de 1899). Com efeito, é apresentado um voto à Assembleia Geral do Congresso (que o aprovará) com os seguintes contornos:

> Que se adote para todos os governos a legislação vigente em Portugal no que diz respeito aos alienados criminosos e aos Conselhos Médico-Legais (lei de 3 de abril de 1896 e lei de 17 de agosto de 1899) dispondo desde logo a observação constante de todos os presos por médicos psiquiatras competentes e a informação periódica destes sobre o estado mental daqueles (*cit.* Neves, 1922, p. 214).

---

[120] Incluído no seu *A loucura: estudos clínicos e médico-legais* (1913, pp. 515-21).

Estas duas leis são pois emblemáticas da formalização do modelo biopolítico de organização do sistema forense português. São estas as medidas legislativas fundamentais a partir das quais se vai elaborar um novo território forense assente numa espécie de convénio entre lei e ciência. Se quisermos, o contexto em que isto assenta é o de um paradigma biopolítico para a sociedade portuguesa de que estas medidas legislativas são os eixos de ação mais salientes.

Não quer dizer que isto não tenha tido desenvolvimentos futuros. Recordaria aqui, se bem que cursivamente, que esta legislação iria moldar em muito as medidas processuais penais correspondentes plasmadas no *Código do Processo Penal* de 1929 (a partir daqui *CPP*).[121] Recordaria ainda que a formalização do dispositivo não correspondeu às expetativas. Assim, por exemplo, em 1918 é publicado o decreto n.º 5023 de 29 de novembro que pretendia reorganizar o exercício da medicina legal no país.[122] Ambicioso no plano, acaba por ser mais tarde, também por decreto, abandonado.[123]

---

[121] Seria interessante ver como estas medidas se refratam neste código. Um trabalho comparativo deveria ter em consideração os seguintes artigos sobre os incidentes de alienação mental, exames periciais e recursos: artigos 71.º, 125.º a 137.º, 179.º a 192.º, 196.º a 198.º, 200.º, 201.º, 440.º e 655.º (*CPP* 1933 [1929]). Assinale-se ainda o artigo 629.º, relativo à «execução de penas corporais»: «Se o condenado em qualquer pena corporal enlouquecer depois da condenação, a pena só começará a cumprir-se quando recobrar a integridade mental. §1.º Se a loucura sobrevier durante o cumprimento da pena, sobrestar--se-á na execução, até que o condenado recupere a sua integridade mental. §2.º Nos casos previstos neste artigo e seu §1.º, será levado em conta na duração da pena o tempo que o condenado passou no manicómio, depois do trânsito em julgado da sentença que o condenou, salvo no caso de simulação de loucura.»

[122] Descreve-o assim Azevedo Neves: «O decreto (...) representa a justa aspiração dos que se dedicam a estudos de medicina forense e assim: organiza o exercício da medicina forense de modo a satisfazer as necessidades da justiça e as do ensino, garantindo uma elaboração cuidadosa dos relatórios periciais, e a sua revisão; utiliza as clínicas e institutos médicos especializados para o estudo dos casos que reclamem particular proficiência; instala e provê os Institutos de Medicina Legal dos necessários recursos de material e pessoal; reforma os Conselhos Médico-Legais completando-os com elementos indispensáveis e transforma-os em instâncias de revisão e consulta; cria o curso de medicina legal destinado à habilitação de médicos legistas, de médicos peritos nas comarcas; institui juízes auxiliares de investigação junto dos Institutos de Medicina Legal de Lisboa e Porto, e serviços de antropologia e psicologia nos Institutos de Medicina Legal» (1922, pp. 201-2).

[123] Este incensado decreto será depois anulado pelo decreto n.º 5654 de 10 de Maio de 1919. Isto por falta de verbas que permitissem viabilizar as medidas aí preconizadas. Para grande desgosto da classe médica de então, diga-se. Desgosto que podemos detetar no texto de Azevedo Neves (*id.*, pp. 202-3).

Seja como for, o que é importante destacar nestes três decretos - julho de 1889, abril de 1896, e agosto de 1899 (a que se juntariam o regulamento de novembro de 1899 e o questionário de fevereiro de 1900) - é a institucionalização do novo paradigma científico-forense nas suas principais linhas processuais.

Perguntar-se-á: mas tal modelo não poderia, no limite, ser contestado? É nesta pergunta que repousa a solução para a assimetria forense que se destaca da comparação entre os casos Marinho da Cruz e Josefa Greno. É importante enfatizar que, apesar da contestação ao relatório pericial de Bombarda e dos seus colaboradores, a solução do problema médico-legal não poderia, como no caso Marinho da Cruz, ser *invalidada*. Contestada, mas não invalidada, repita-se. E é à luz disto que se pode perceber que Bombarda cite o artigo 30.º do regulamento de novembro de 1899 onde se escreve que «[o]s exames feitos pelo conselho, assim como os pareceres emanados desta instância, não podem ser invalidados por quaisquer outros exames periciais» (*RSML* 1899, p. 20; ver *cit*. CMLL, 1902, p. 16). Como relator do parecer médico-forense de Josefa, Bombarda comentará muito sintomaticamente as prerrogativas que o sistema lhe dava a si e aos seus pares. Fazendo referência ao artigo 30.º, escreve ele: «É que a lei e regulamentos consideram os conselhos médico-legais como sendo tribunais de segunda instância, onde têm de ser resolvidas as contestações entre peritos, e como não organizou nenhum tribunal superior a eles, deu-lhes uma palavra decisiva em questões forenses de medicina [...]» (*id.*, p. 16). Ou seja, a emergência dos conselhos médico-legais vai afirmar-se como *um modelo arbitral* para o dispositivo epistemológico e jurídico em criação. Este órgão colegial, constituído fundamentalmente por médicos ou representantes destacados da ciência, virá a assumir poderes latitudinários no interior da nova ordem forense. Daí que, se a publicação do relatório e demais elementos relativos ao caso Josefa Greno poderia demover aqueles que insultavam a civilização, não viria a ter quaisquer desenvolvimentos processuais significativos. A decisão do Conselho Médico-Legal era inamovível, e Bombarda enaltece-o na sua resposta às ignaras forças da barbárie que se haviam levantado.[124] Os poderes oferecidos a este órgão eram de tal ordem que, não apenas a sua palavra era definitiva em questões periciais, como o «questionário e [as] instruções especiais» de 8 de fevereiro de 1900, exigidos às pericias médico-legais (realizadas por facultativos de comarca) não eram imperativos para os conselhos médico-legais:

> Os peritos ordinários têm que dizer tudo nos seus relatórios, seja qual for o valor que liguem aos dados que encontrarem ou mesmo a ausência de elementos que devem ter procurado. Os Conselhos Médico-Legais têm o direito de escolher na massa dos factos que recolherem aqueles que julguem de peso para as suas conclusões e para convencimento do tribunal (*id.*, pp. 16-7).

Retomando alguns reparos acerca do caráter sintético do relatório do Conselho Médico-Legal de Lisboa tecidos por alguns dos peritos internacionais consultados[125], acrescenta-se, não sem algum melindre: «Compreende-se que onde não há organizações como a nossa, em assuntos de medicina forense o caso seja para estranhar. Com a nossa organização, porém, é tudo o que há de mais legal e mais razoável» (*id.*, p. 17). Isto é, Portugal (como fora aliás aventado no Congresso Internacional de Medicina de 1903) seria um dos focos de civilização neste domínio, e as demais nações só teriam de tomá-lo como exemplo.

---

[124] No princípio do século xx, um comentador escrevia acerca do homicídio do médico Sousa Refoios por um alienado: «Ainda há pouco quando um alienado matou em Coimbra o lente de medicina Refoios, um jornal de Lisboa insurgiu-se contra a suspeita de que o criminoso fosse um irresponsável. *Felizmente, pela nossa lei, ao jornalista, mesmo como jurado, não era permitido mais que um platónico protesto*» (Osório 1906, p. 84).

[125] Hitzig, por exemplo, escreve: «Nós não teríamos deixado de reproduzir o resultado por extenso da exploração somática, que sem dúvida V. fez [...]» (CMLL 1902, p. 43).

CAPÍTULO IX
PERIGO

Os debates sobre o crime e a loucura na transição do século XIX estão ligados a ideias acerca da perigosidade do agente ou da sua «temibilidade». Se nem todos os alienados eram perigosos, muitos eram-no *de facto*. E era preciso potenciar medidas que, administrativamente, lidassem com a temibilidade do agente.

Recordaria que no relatório pericial acerca de Marinho da Cruz, Sena e Matos se pronunciaram sobre o perigo que este representaria para a ordem social, escrevendo na sua conclusão: «Sendo um doente extremamente perigoso à ordem social e que, ao mesmo tempo, carece de um tratamento médico contínuo e ativo, deve ser entregue à autoridade competente, para que esta promova sem perda de tempo a sua admissão de ofício num hospital de alienados» (*cit.* Ribeiro, 1887, p. 8).

Recordaria, igualmente, que, aquando da publicação do relatório acerca de Josefa Greno, o *DN* de 16 de outubro de 1901 dizia na sua primeira página, parafraseando a lei de abril de 1896, que Josefa Greno deveria permanecer internada em Rilhafoles, de onde só poderia sair após remissão completa do seu estado mórbido ou quando fosse considerada «inofensiva».

Dir-se-ia que as leis que expus anteriormente procuravam lidar articuladamente com o problema da temibilidade. Ou seja, *regular* significava também *prever*, e, nesse sentido, criar um sistema que se antecipasse às ações humanas e, sobretudo, à arbitrariedade das ações humanas. A lei de 3 de abril de 1896 é, neste aspeto, central. Ela desencadeia todo um conjunto de medidas que supunham uma avaliação do perigo representado por certos agentes. Assim, citaria aqui o conteúdo de uma parte desse articulado:

Art. 15.º Os alienados a que se refere o artigo 13.º somente poderão ser postos em liberdade quando se comprove a sua cura completa, ou quando, pela idade ou perda de forças, *se possam reputar inofensivos.* § Art. 16.º O diretor do estabelecimento enviará ao competente magistrado do ministério público as informações necessárias para que possa requerer a respectiva ordem de soltura. § único. Quando algum membro da família do alienado, ou quem o represente, requerer que se lhe dê liberdade, alegando que está curado, ou que *já não é perigoso,* o juiz do processo resolverá a petição, com prévia audiência do ministério público, em face de consulta favorável do diretor do estabelecimento ou de exame de sanidade, se julgar conveniente determiná-lo, e a que não poderá, sem justa causa, deixar de deferir, sempre que lhe seja requerido pelas pessoas designadas no § único do artigo 1.º § Art. 17.º Quando, embora incompleta a cura do alienado, *não haja todavia receio de acessos perigosos,* poderá o juiz autorizar a saída provisória, como experiência, se lhe for requisitada pelo diretor do estabelecimento, e se houver quem se obrigue a prestar ao doente o tratamento e amparo indispensáveis, e a interná-lo novamente quando haja a ameaça de pródromos[126] de repetição de acesso. § 1.º A pessoa que se encarregar do alienado remeterá ao diretor, no fim de cada mês, um atestado médico, jurado e reconhecido, relativo ao estado do doente, devendo aquele documento ter o visto do delegado da comarca. § 2.º A saída provisória poderá converter-se em definitiva, quando a experiência demonstre que não há nisso inconveniente, seguindo-se os termos prescritos no § único do artigo anterior. § Art. 18.º Quando o asilado tiver de sair por estar curado, ou *por se considerar inofensivo,* se não tiver família a quem se entregue, e for indigente ou incapaz de adquirir meios de subsistência pelo seu trabalho, deverá ser posto à disposição da autoridade administrativa, a fim de ser admitido nalgum estabelecimento de beneficência (*COLP*, 1896, p. 140; itálicos meus).

---

[126] «Pródromos» são sintomas ou sinais que precedem uma doença (ver Munuila *et al.*, 2000).

O que o sistema se propunha era implementar, por um lado, o escrutínio antropológico do agente do crime, e, por outro, caso fosse este considerado um alienado perigoso, enquadrar o seu caso numa solução administrativa que defendesse a sociedade.

Este debate foi, como podemos imaginar, particularmente decisivo para a nova ordem epistemológica e jurídica em que se passou a abastecer a penalogia europeia do período.[127] Os apóstolos da «defesa social» procuravam monitorizar as eventuais fontes de risco inscritas na antropologia mórbida do sujeito. A individualização da pena exigia, deste modo, uma prospetiva do risco. Uma prospetiva que se opunha, claramente, às pretensões da escola clássica que associavam a cada crime (à *ação*) um conjunto específico (supostamente «justo») de penas. A escola positiva destacava antes a relevância do *agente* para a produção de uma sanção ou de uma medida administrativa que se adequasse ao caso individual. Como escreve Ruth Harris para o contexto francês: «Ao enfatizar assim a "individualização das penas", os franceses tinham aceite um preceito fundamental da antropologia criminal italiana, sucintamente sumariado por Rafaelle Garofalo já no Segundo Congresso Internacional de Antropologia Criminal em 1889: «A lei penal reconhece apenas dois termos, o crime e a penalidade, enquanto que a nova criminologia reconhece três, o crime, o criminoso, e a penalidade"» (1989, p. 114). Estas ideias tornaram-se particularmente influentes em Portugal na transição do século xix. Matos e Bombarda foram dois prosélitos maiores de tais correntes que circulavam então entre as elites europeias da altura.

Matos foi um discípulo destacado das ideias de Lombroso e Garofalo, como já sabemos. No significativo prefácio à sua versão do tratado de Garofalo, *Criminologia: estudo sobre o delito e a repressão penal* (1893), Matos comenta as posições deste criminólogo, sublinhando, justamente, as suas ideias de *prevenção* e de *temibilidade*:

> Bastará dizer que a escola criminal italiana positiva de que o professor napolitano é um dos chefes, estuda o delito e a repressão penal sob um critério naturalista: os seus métodos são os experimentais, os

---

127 Ver, *e.g.*, Harris (1989, pp. 105-20).

seus instrumentos de análise as estatísticas, os seus elementos documentais os fornecidos pela psico-fisiologia e pela antropologia, enfim o seu ideal a defesa da sociedade pela profilaxia do crime e pela sua repressão. § Como, para prevenir e combater a doença nos indivíduos, a medicina criou, fundada no estudo das causas e dos sintomas mórbidos, uma higiene e uma terapêutica, assim, para impedir a eclosão do delito e para evitar a sua recidiva, a ciência criminal tenta criar, fundada no conhecimento das condições genéticas do delito e nas qualidades do delinquente, uma higiene e uma terapêutica sociais (1893, p. xiii).

À maneira da patologia quando proclama que não há doenças, mas doentes, a criminologia pode afirmar que não há crimes, mas criminosos. Daqui a indeclinável necessidade de estudá-los nas suas anomalias para poder-se eficazmente exercer sobre elas a repressão, terapêutica social do delito. § Ligado a este ponto fundamental da doutrina de Garofalo, está um outro da maior importância: para a defesa coletiva, fim supremo de todos os estudos criminais, não é a responsabilidade do delinquente, mas a sua *temibilidade* o que nos importa conhecer. Que a agressão à sociedade parta de um irresponsável, de um responsável ou de um semi-responsável, importa mediocremente, porque não é de castigar o ofensor que se trata, mas de tutelar a sociedade ofendida. § A pena é uma arma positiva de defesa, não um instrumento metafísico de expiação" (*id.*, pp. xv-vi).

Temibilidade e prevenção exigiam uma reorganização em profundidade do sistema penal. Uma reorganização modulada pela ciência, evidentemente. De que forma é que isto ganhou expressão no plano dos códigos? citei a lei de abril de 1896. A sua moldura vocabular configura as ideias de perigo propostas pelos partidários da escola positiva, procurando, em conformidade, encontrar soluções para os criminosos alienados que fossem cientificamente reputados de perigosos. Nas suas disposições transitórias, e reportando-se à lei de julho de 1889, escreve-se:

Art. 29.º Enquanto não existirem as enfermarias anexas às cadeias penitenciárias, a que se refere o artigo 5.º da lei de 4 de julho de 1889, ou o hospital a que se refere o n.º 1 do artigo 2.º da mesma lei, serão remetidos ao hospital de Rilhafoles os alienados a que aludem os artigos 13.º, 19.º, 25.º e 27.º da presente lei, e ali deverá ser feita a observação dos condenados em cumprimento de pena, quando não possa efetuar-se convenientemente na respetiva prisão (*COLP*, 1896, p. 140).

O caráter provisório associado a Rilhafoles manter-se-ia por longos anos, já que as enfermarias anexas às penitenciárias não foram, durante o período delimitado pelo meu trabalho, construídas. E será nesse mesmo ano de 1896 que Miguel Bombarda irá inaugurar o famoso «pavilhão de segurança» do hospital de Rilhafoles, atribuído ao arquiteto José Maria Nepomuceno (Freire, 2009).

§

No seu relatório *O Hospital de Rilhafoles e os seus serviços em 1892-1893*, Bombarda referia-se à futura construção da 8.ª repartição destinada aos criminosos alienados (1894, pp. 32-3). Nesse mesmo relatório era publicada a planta do futuro pavilhão de segurança.

Trata-se de um edifício inspirado na conceção do panóptico de Bentham.[128] A população deste pavilhão era constituída (como previa a lei de Abril de 1896) por indivíduos que, tendo sido dados em qualquer momento do processo como alienados, incorressem em penas maiores (ver artigo 13, §1.º e §2.º).

Podemos colher em alguma imprensa da época a percepção que este espaço teria a um observador que o visitasse. Foi isso que fez um jornalista em 1899. Apelidando-o de «pavilhão dos agitados», descreve-o

---

[128] Ver, a este propósito, Foucault (1993, pp. 228-64) e Foucault *et al.* (1995). Os escritos de Jeremy Bentham relativos ao panóptico foram recentemente compilados por Miran Bozovic (Bentham, 1995). Acerca da influência que o modelo de Bentham viria a ter sobre a arquitetura de hospitais e prisões durante o século XIX, ver ainda Mignot (1994 [1983], pp. 212-36). Para uma leitura acerca do modo como os modelos hospitalares durante o século XIX vão pautar as preocupações modernistas de arquitetos e urbanistas, ver, *e.g.*, *Providência* (2000).

acentuando a impressão de ameaça que a sua população, constituída por «homens que a fúria tornou feras», representava:

No pavilhão dos agitados onde, quando entrámos sob os raios de um sol abrasador, que excita e agrava a loucura, sessenta ou oitenta homens gesticulavam, berravam, simulavam murros, os punhos cerrados, injetadas as veias, esgazeados os olhos, destaca-se aquele, toma a nossa frente, lança-nos um olhar que parece um punhal, e grita-nos com toda a força: "Assassinos! Assassinos!" § Este matara a mãe, aquele o pai, estrangulara este outro uma amante, e entre esses homens que a fúria tornou feras, e que a ciência humana, pobre, deficiente e errónea, atirara para os cárceres de uma penitenciária, sem ter sabido discriminar o doente do criminoso, figuram exemplares da loucura agitada, maníacos exaltados, que numa superexcitação de todas as faculdades dizem coisas extravagantes, quase sempre violentas e insólitas, os olhos em alvo, as artérias entumecidas, numa vibração de todo o ser, lançando-nos umas palavras ásperas, que parecem de ódio, outros esgrimindo no espaço, como um pobre rapaz, que trazia vestido o colete de forças. Fora aspirante da escola do exército e endoidecera por causa de uma mulher. Pregado à ombreira de uma porta, atirava para o espaço injúrias selvagens e tremendas, vendo diante de si, e julgando, pobre D. Quixote da loucura, ser alvo de todas elas a que tão vilmente o atraiçoara! § Este passeia ao nosso lado e sem dar por nós vai lendo alto, arrogante, num papel que leva na mão, versos tremebundos ... que lá não existem. Aquele está a pregar sermões apocalípticos para converter os hereges (Victor, 1899, p. 5).

Esta perceção de ameaça está ainda plasmada em algumas das críticas que lhe foram feitas. Em 1923, um psiquiatra da Faculdade de Medicina de Lisboa, Fernando Martins Pereira, colaborador habitual do *Boletim do Instituto de Criminologia*, escrevia nas suas páginas uma impiedosa avaliação deste pequeno mundo:

Num dos extremos da cerca de Rilhafoles está o Pavilhão de Segurança, isolado do resto do edifício. Um vasto páteo a descoberto, de forma circular, semelhando a uma arena, tendo ao centro uma bica de água. Em toda a volta estreitas celas de paredes nuas, uma enxerga por mobiliário e uma fresta para ventilar. § Para este Pavilhão são transferidos todos os alienados criminosos, os condenados vindos da Penitenciária, alguns alienados mais difíceis ou perigosos e os indivíduos em observação médico-legal. § Nenhuma organização, nenhumas medidas disciplinares, nenhum espaço de trabalho. § *A quase totalidade destes indivíduos, desde o romper do dia ao pôr do sol, vagueia pelo páteo fazendo intrigas, urdindo* complots *contra o pessoal, traçando planos de revolta ou de evasão.* § Alguns, mais doentes e retraídos ou mais perigosos, permanecem encarcerados nas celas (Pereira, 1923, p. 110; itálicos meus).

Para Martins Pereira, este pavilhão só seria «comparável às nossas prisões em comum, verdadeiras escolas de aperfeiçoamento criminal» (*id.*, p. 111). Pereira, criticando o sistema penal português, acentuava também (e esse é um dos traços da sua argumentação), a forma como se tendia a negligenciar os riscos sociais que resultavam do «determinismo mórbido» (*id.*, p. 93) dos criminosos alienados.[129] Apesar dos esforços legislativos, em vários momentos podemos encontrar críticas acerbas à incúria relativa à assistência dos criminosos alienados de que é testemunho o comentário daquele psiquiatra.

§

Fosse como fosse, a publicação do decreto de 11 de maio de 1911 fazia, mais uma vez, plasmar em letra de lei esta nova conceção epistemológica e jurídica em que a psiquiatria forense se comprometia desde os esforços pioneiros de António Maria de Sena.

Algum tempo após a proclamação da República, o governo português havia encarregado Júlio de Matos de gizar as bases em que se

---

[129] Às críticas de Martins Pereira, podemos acrescentar as de Sobral Cid. Num ensaio biográfico sobre Miguel Bombarda, Cid dir-nos-á que este pavilhão terá sido «talvez a menos feliz das suas obras» (1984 [1927], p. 13).

deveria fundamentar a assistência aos alienados em Portugal. A lei filiava-se (em texto introdutório) no trabalho seminal de António Maria de Sena que se havia traduzido na então abandonada lei de julho de 1889 que autorizava o governo a construir quatro manicómios e enfermarias anexas às penitenciárias (*COLP* 1911, p. 834). Procurava, pois, pôr cobro ao abandono, ou, nos seus próprios termos, a «reparar a monstruosidade que a monarquia nos legou» (*id.*, *ibid.*). Nesta lei faz-se dividir as instituições manicomiais em categorias. Entre estas, destacava-se a dos «manicómios criminais». A temibilidade é explicitamente convocada como um critério que exigiria medidas administrativas adequadas, fazendo muito claramente separar *dois tipos de figuras* diferencialmente avaliadas segundo o elemento de perigo que se lhes encontraria associado:

> Na terceira categoria, inscrevem-se os manicómios criminais, destinados à admissão, não só de uma parte dos delinquentes julgados irresponsáveis, por motivo de alienação mental, mas de alguns dos que, nos cárceres, enlouquecem, durante o cumprimento das penas. § A necessidade destes manicómios, algum tempo contestada, é hoje por toda a parte reconhecida. Claro está que muitos alienados podem praticar crimes, sem que por isso devam diferenciar-se de outros da mesma classe nosológica, internados sem desvantagem em manicómios comuns. Os crimes dos loucos podem não ser, com efeito, senão episódios ou acidentes fortuitos da evolução psicopática; e, neste caso, não denunciando uma particular *temibilidade* da parte dos doentes, não constituem motivo para o internato destes em manicómios especiais e diversos dos que servem para isolar a maioria dos alienados. § Os loucos de criminalidade acidental ou fortuita, verdadeiros *doentes*, na aceção restrita deste termo, estão bem dentro de qualquer manicómio, porque nada na sua psicologia, nos seus costumes ou nas suas tendências, os distingue dos seus congéneres, que, todavia, não delinquiram. § Há, porém, alienados de uma especial temibilidade, cujos crimes constituem, não um acidente, não um episódio casual, mas uma manifestação indeclinável da sua própria organização, constitucionalmente

anómala; são esses os loucos morais, os epiléticos, os perseguidos-
-perseguidores e os impulsivos, mais degenerados que doentes, mais
produtos da hereditariedade que das influências do meio. Ao passo que
os primeiros, com propriedade, se chamam *alienados-criminosos*, os
segundos merecem antes a designação de *criminosos-alienados*, tanto
as tendências ao delito e à perversão moral desempenham nas suas
psicopatias um papel dominante e primacial. Frequentemente lúcidos,
assassinos ou ladrões instintivos, dotados de grande sociabilidade e
sempre animados de um ardente espírito de revolta, estes alienados
constituem um perpétuo motivo de inquietação, de perigo e de alarme,
nos manicómios comuns, cuja disciplina constantemente perturbam.
A tais degenerados compete o isolamento perpétuo ou, pelo menos,
indefinido em manicómios especiais, funcionando ao mesmo tempo,
como casas hospitalares, pela assistência médica, e como cárceres, pelas condições de segurança e de regime interno, necessariamente mais
severas que as exigidas pela grande maioria dos loucos (*id.*, pp. 834-5).

Neste sentido, propunha-se a criação de dois «manicómios criminais»,
«contendo 450 leitos», necessários à «hospitalização destes psicopatas» (o
que nunca foi, afinal, realizado) (*id.*, p. 835). Reitera-se também a importância dos estudos antropológicos sobre esta população, estudos
esses que deveriam ser realizados pela classe médica, a única capaz de,
«proficuamente», os praticar (*id.*, *ibid.*).

Vemos pois como a linguagem da degeneração estava assim não apenas associada a um modo de concetualizar o indivíduo perigoso (e já o
podíamos adivinhar após a leitura da I parte deste trabalho), mas também
a respostas institucionais precisas que foram plasmadas na lei. Já Foucault
(1994c) nos havia chamado a atenção para esta cartografia da monstruosidade em que se inscrevia a noção de indivíduo perigoso proposta
pela psicopatologia da transição do século xix. O que me parece interessante é como esta figura vai exigindo do sistema medidas que se
pretendiam adequadas à sua exclusão. E este tipo de coordenadas
epistemológicas, classificatórias e institucionais (que se abastecem
recursivamente numa polarização entre ideias acerca da natureza

constitucional do sujeito e o desenho das instituições) irão ser plenamente assumidas aquando da publicação da Reforma Penal de 1936 (decreto lei 26643 de 28.05.1936), limite cronológico do presente estudo. Dir-se-ia que este longo trabalho cultural em torno de novas conceções sobre o crime, ancoradas não tanto na ação, mas antes no sujeito da ação, irão produzir efeitos decisivos sobre a legislação penal portuguesa. A Reforma Penal é, se quisermos, o *locus* onde estes efeitos se vão tornar mais nítidos.

O texto da lei compreende uma reflexão acerca do «fim da pena». Para o legislador, esta reveste-se de um «duplo fim»: «prevenção geral» e «intimidação, correção, ou eliminação individual». A pena faria supor «ações psicológicas» dissuasivas de «caráter geral»:

> O fim da prevenção geral quer dizer que a ação da pena se projeta para lá do criminoso. Esta projeção reveste duas modalidades. A pena atua preventivamente sobre os indivíduos de moralidade débil, sobre aqueles que se encontram na margem do crime. É uma verdade adquirida pelo ensinamento dos séculos que o temor pode ser um elemento integrador da conduta dos indivíduos, que sem ele seriam levados à prática do crime. E é também verdade adquirida que o crime suscita na consciência humana uma sede de justiça, que só a pena consegue apagar e que convém fazer reviver porque constitui um elemento poderoso da moralidade social (*COLP*,1936, p. 398).

Mas, e salientaria este ponto, a pena deveria atuar «especialmente sobre o criminoso» (*id., ibid.*). A ênfase em medidas especiais, voltadas para o *sujeito da ação*, é pois um dos traços da Reforma Penal, sendo, portanto, tributária dessa inflexão antropológica que o híbrido epistemológico e jurídico (em que assentavam disciplinas como a psiquiatria forense e a antropologia criminal) pretendiam desde meados de oitocentos. A inflexão antropológica da penalogia contida na doutrina da Reforma Penal de 1936, e a sua pretensão classificatória pode ser facilmente dilucidada através do seguinte fragmento:

Considerada sobre este aspeto a pena reveste modalidades diferentes, conforme a categoria do delinquente. § Umas vezes terá por fim apenas a intimidação do delinquente, sempre que este meio baste como processo inibitório da prática de novos crimes; será de correção quando a intimidação se revele insuficiente para integrar uma vontade moral no delinquente; outras vezes terá a função de separar o delinquente do convívio social, o que deverá suceder sempre que ele se revele incapaz de ser um elemento adaptável (*id.*, *ibid.*).

Neste sentido, a racionalidade dos agentes (que seriam capazes de medir o alcance moral e social das suas condutas) deveria ser matizada por medidas menos abstratas, mais consonantes com a sua diferenciada e indomesticável irracionalidade:

A ação de prevenção geral pode realizar-se através de penas e independentemente das condições do agente do crime, mas a ação individual exige diversidade de penas e até diversidade no modo como a mesma pena deve ser executada, precisamente porque incidindo sobre o indivíduo têm de se empregar meios que neutralizem aquelas tendências, vícios e defeitos que o determinaram a praticar o crime, e por isso variam consoante as tendências, vícios ou defeitos que se propõem combater. Daqui a necessidade de *individualizar a pena* (*id.*, *ibid.*; itálicos meus).

Assim, mantendo o princípio clássico da *responsabilidade* como elemento axial do direito, o legislador assegura-nos que será necessário compatibilizá-lo com o elemento de *defesa social* proposto pela escola positiva:

Mantém-se o princípio fundamental da responsabilidade penal, não se desconhece todavia que delinquentes a quem faltam as condições dessa responsabilidade, que constituem todavia elementos prejudiciais para a sociedade, e sobre os quais é necessário actuar em ordem de defesa social, e atos que não constituem ainda um crime, mas são um estado de pré-delinquência, que é igualmente necessário suprimir (*id.*, *ibid.*; itálicos meus).

Sem querer ir muito mais longe nesta análise da Reforma Penal de 1936 (não me interessa, neste ponto, senão ver de que forma é que os saberes disciplinares a que me reporto se recortam na lei), parece-me manifesto, em função do que fui aqui expondo, que o rumo do centauro epistemológico e jurídico em constituição (através do labor, mais ou menos diferenciado, mais ou menos articulado, de disciplinas várias em que avultava a psiquiatria) estava traçado.

Mapear a alma do sujeito seria afinal mapear-lhe o corpo. Mapear-lhe o corpo em busca de índices teratológicos era, por translação, propor medidas institucionais que, antecipadamente, controlassem o arbítrio do inumano que se inscrevia em tais corpos. O sistema forense propunha-se, assim, e pela primeira vez de uma forma inequívoca, identificar os estados de «pré-delinquência», e suprimi-los.

Avaliar os riscos cientificamente e responder em conformidade.

EPÍLOGO

Retomo aqui sinteticamente o argumento que desenvolvi ao longo do percurso traçado em *Mestres da verdade invisível no arquivo da psiquiatria forense portuguesa*. Algumas observações adicionais impõem-se-me porém.

O presente trabalho tem, como o título indicia, um perfil metodológico de inspiração foucauldiana. Ao dizê-lo estou a reportar-me à noção de «arquivo» que é explicitamente convocada por Foucault (2002 [1969]). Interessou-me, sobretudo, surpreender o vestígio que certo tipo de processos discursivos deixam na constituição dos objetos dos quais falam (objetos como os que são delimitados vocabularmente por noções como as de «responsabilidade», «irresponsabilidade» ou «perigo»). Ao dizê-lo estou ainda a convocar, de forma menos explícita, mas igualmente decisiva, a noção de «história do presente». Tal como para Michel Foucault (1993 [1975], pp. 39-40), os desafios que me interpelam prendem-se com as derivas do tempo: o modo como o passado, por exemplo, faz tecer as suas prerrogativas sobre o presente. Assim, interessa-me procurar ver como o presente se mostra tributário de processos que detêm um impressionante lastro histórico. Não estarei também muito longe de Paul Rabinow (2003, pp. 107-8) que equaciona o trabalho do etnógrafo--antropólogo como um exercício de história do presente que tem por horizonte um diagnóstico do passado recente e do futuro próximo. E daí a relevância que tem para mim este trabalho quando o contextualizo à luz daquele que o precede (Quintais, 2000) e daquele que lhe sucede (*e.g.*, Quintais, 2007, 2009).

§

Mas quero retomar aqui as principais proposições que vão marginando o argumento defendido em *Mestres da verdade invisível*. O texto compõe-se de duas partes («Descrições» e «Regulação»), ou seja, dois lugares de enunciação de um problema que é, basicamente, o da produção e institucionalização de uma ordem (um dispositivo, um diagrama) de saberes. De forma mais específica, trata-se de um texto que investiga a emergência e a consolidação da psiquiatria forense em Portugal na transição do século XIX.

O que as *descrições* médicas identificadas na minha parte I (anatomo--clínica, neurofisiológica e degeneracionista) reclamavam era uma radical reconcetualização das relações entre criminalidade e insanidade mental. A psiquiatria forense do período fez instalar as suas valências disciplinares em algo que lhe excedia em muito e que se prendia com uma vasta revisão do crime como imagem das relações entre ação e sujeito da ação. Se, para o direito clássico - enformado pelas teorias utilitárias de Beccaria e Bentham e pela teoria moral de Kant (*e.g.*, Harris, 1989, pp. 4-5) -, a ação era soberana, sendo que todas as modalidades penais de articulação do crime tinham por objeto a *reparação* e a *retribuição* da ação (assumindo-a num quadro em que o agente era livre e soberano sobre as fontes da ação, isto é, racional), para o direito de cariz positivista que emerge durante o século XIX, tais modalidades de articulação do crime faziam supor uma obliteração da ação e *uma monitorização científica e técnica do sujeito da ação*.

Este direito, ou melhor, esta nova arquitetura epistemológico-jurídica, detinha uma inflexão fortemente *preventiva* que viria a deixar marcas na penalogia portuguesa, e cujo momento decisivo coincidirá com a tomada de todo um conjunto de medidas processuais em que se destaca a institucionalização e a instrumentalização de saberes forenses que, desde os seus alvores, aspiravam à sua adoção pelo Estado. Destaca-se aí a criação dos conselhos médico-legais nos finais do século XIX, e a tomada de medidas avulso que se prendiam com a regulamentação das peritagens científicas em contexto forense. É neste território que temos de compreender a operatividade que é atribuída ao *mapa de descrições do humano* por mim traçado, e, sobretudo, o protagonismo que a psiquiatria nas suas extensões forenses assumiu nesse mapa. A produção deste dispositivo (deste sistema de regulação) epistemológico e jurídico, suportado num particular entrelaçamento entre lei e disciplina (um centauro jurídico-científico de que somos ainda tributários), fez supor clivagens. Clivagens entre senso comum e ciência. Clivagens entre lei e psiquiatria. Algumas destas regiões de fronteira foram por mim avaliadas. Neste sentido, tentei mostrar qual o alcance das medidas legislativas tomadas na criação deste singular dispositivo epistemológico e jurídico.

O percurso que fui tecendo ao longo da parte II do meu estudo, apostando no contraste entre os casos Marinho da Cruz e Josefa Greno, pretendeu mostrar a importância de que se revestiu para a psiquiatria forense da transição do século XIX o contexto de *regulação* penal em que as práticas se definiram. O malogro da psiquiatria forense no caso Marinho da Cruz ficou a dever-se à inexistência de um quadro regulador eficaz que lhe permitisse, enquanto disciplina entre disciplinas apostada na produção de um modelo biopolítico em que se fundaria a «sociedade perfeita» ou Cosmópolis liberal primeiro e republicana depois, exercer as suas prerrogativas científicas e afirmar os seus domínios de verdade. O triunfo da psiquiatria forense no caso Josefa Greno ficou a dever-se à existência deste quadro e à consolidação institucional das suas valências de caráter forense. Assim, entre 1888 (data do segundo julgamento de Marinho da Cruz) e 1901 (data em que Josefa Greno é irresponsabilizada pelo crime de homicídio sobre o seu marido Adolfo Greno) várias medidas legislativas são tomadas. Avultam aí as leis de julho de 1889, abril de 1896 e agosto de 1899, a que se juntam o regulamento dos conselhos médico-legais de novembro de 1899 e o questionário e instruções aos peritos (facultativos de comarca) de fevereiro de 1900. O que esteve em causa foi a produção de um dispositivo regulador que permitisse articular a produção de conhecimentos dotados de um alcance forense em território nacional, criando-se e integrando-se racionalmente uma rede sem a qual a ação de um novo paradigma forense (que pretendia unir medicina e lei) não seria possível. Na prática este modelo nem sempre funcionaria de acordo com os sonhos das pitonisas liberais e republicanas (em particular Matos e Bombarda) envolvidas na produção e modulação da nova biopolítica. Seja como for, os casos Marinho da Cruz e Josefa Greno são, quando os cotejamos, emblemáticos de uma certa afirmação latitudinária (e inapelável) de que se revestiu a realização institucional deste saber integrador. O vértice desta realização está inscrito na lei de agosto de 1899 e respetivo regulamento (muito incensada, a par da lei de abril de 1896, pelos psiquiatras de dentro e de fora do território), que dotava o país de três circunscrições médico-legais em que os respetivos conselhos (um colégio de especialistas em diversas áreas científicas associadas à medicina-legal) definiam os termos a partir dos quais um dado sujeito, à luz do novo paradigma forense (que enfatizava o sujeito da ação em detrimento da ação por meio de uma inflexão antropológica sem precedentes), poderia ser dado como irresponsável (porque afetado constitucionalmente numa determinada região do seu corpo por uma patologia de contornos quase sempre difusos e de difícil visualização). Como escreve Bombarda, os conselhos médico-legais eram «tribunais de segunda instância» (CMLL, 1902, p. 16) cuja palavra seria definitiva no que dizia respeito a questões de âmbito médico-legal.

As pretensões maximalistas tiveram algum eco no modo como a ideia de *regulação* por si advogada se traduziu também numa ideia de *prevenção*. Desenhar o perfil do indivíduo perigoso e cartografar os índices teratológicos da sua temibilidade (individualizando a pena) impunha-se. E, neste sentido, a defesa social dos psiquiatras forenses do período (coadjuvados por outros especialistas do dispositivo, entre os quais se contariam juristas também) ecoa na lei de Maio de 1911 e na Reforma Penal de 1936. Nestes documentos, a figura do «criminoso-alienado» (imagem ao espelho do «alienado-criminoso»), a usar a terminologia que Matos emprega no texto da lei de 1911 (COLP, 1911, p. 835), emerge claramente. O sistema propunha-se, com estas duas leis, dotar o país de medidas classificatória e administrativamente eficazes na identificação e sequestração desta imagem teratológica, cujo perigo parecia ser enfatizado em muitos dos discursos dos psiquiatras de então feitos para dentro e para fora do sistema.

Considerar este movimento para fora do sistema faz supor que as lutas pela legitimidade da psiquiatria forense em Portugal se teceram no espaço público mais alargado. Os casos forenses aqui estudados (pela sua repercussão) refletem esta luta travada em nome da verdade científica, num jogo civilizacional assumido como indeclinável por parte de especialistas e reformadores envolvidos no processo. Assim, é importante sublinhar que a dialética entre senso comum e ciência que a perceção do crime movido por uma ininteligibilidade fundamental (passível de ser compreendido à luz dessa *odd job word* que é a loucura) convoca, se pautava, por um lado, por uma convergência (a suspeita de ininteligibilidade que pendia sobre um crime violento começava no espaço público, podendo ser uma solicitação ou exortação de senso comum, uma necessidade de ressarcimento feita verdade que importava sublinhar) e, por outro lado, por uma divergência (convinha, de forma a assegurar a cientificidade e a operatividade dos conhecimentos propostos pelas disciplinas, em particular a psiquiatria, mostrar em que sentido é que tais conhecimentos se destrinçavam do senso comum – e nada melhor do que anatemizar este último como se se tratasse de um domínio em que a mentira, a distorção dos factos, a má-fé e a ignorância grassavam). É toda uma analítica da alienação mental que se procurava instituir. Uma analítica que não tinha precedentes apreciáveis. Esta divergência entre senso comum e conhecimento científico foi amplamente reivindicada pelos agentes do sistema forense em construção, hierarquizando-se, em passagem, o seu alcance político. Como se o senso comum estivesse do lado da barbárie e da ignorância e o conhecimento científico da civilização e da sabedoria.

Hierarquização de modos de descrever o mundo, pois. Hierarquização dos seus agentes também.

§

Falei de uma *história do presente*. Uma tentativa de, sopesando a densidade das derivas históricas implicadas, ponderar a contingência do presente. O meu pensamento evoluiu a partir daqui. O que me interessa está numa certa aceção do «contemporâneo» que percorre, por exemplo, os escritos de um antropólogo como Paul Rabinow. Seguindo as intuições e articulações foucauldianas sobre a história do presente, Rabinow define o «contemporâneo» como um *ethos* cujo devir é histórico e que alia passado recente e futuro próximo, ou, seguindo-o de perto, «uma proporção em movimento da modernidade» (2008, p. 2).[130] Não se trata, pois, de uma época, mas antes de um arranjo de relações, de uma coexistência de temporalidades, ou, como ele escreve, referindo-se ao «novo»:

> Assim, se se assumir que o novo é aquilo que é dominante, a usar a distinção de Raymond Williams, e que o velho é de algum modo residual, então a questão de como se dá forma e se faz articular conjuntamente, bem ou mal, elementos novos e velhos, torna-se um espaço de investigação significativo. Chamo a este espaço de contemporâneo. § Por exemplo, o facto do genoma humano ter sido mapeado, e diferenças populacionais no plano molecular identificadas, não quer dizer que velhos entendimentos acerca da raça desapareçam à luz deste novo conhecimento. Mas também não quer dizer que todos os velhos entendimentos acerca do que constitui a diferença são sujeitos a uma transformação total. Ao invés, o problema de uma antropologia do contemporâneo é inquirir o que está a acontecer sem deduzi-lo à partida. E isso requer uma investigação sustentada, paciência, e novos conceitos, ou velhos conceitos modificados. O objetivo não é desconstruir ou destruir mas reavaliar; o seu objetivo não é a reforma ou a revolução mas antes um tipo de remediação (*id.*, p. 3).

Não enjeitaria facilmente os tropos de desconstrução e de destruição, mas parece-me fascinante prosseguir a partir daqui.

Um dos arranjos que se encontra no cerne desta noção de contemporâneo é, segundo Rabinow, o «*anthropos*» (*e.g.*, 2003). O *anthropos*, essa «coisa humana», padece de múltiplas e heterogéneas descrições. De múltiplas e heterogéneas verdades sobre si ou de «*hetero-logoi*». De acordo

---

[130] Retenha-se todo o sabor do original: «The contemporary is a moving ratio of modernity, moving through the recent past and near future in a (nonlinear) space that gauges modernity as an ethos already becoming historical.»

com a matriz de que se serve, Rabinow defende que o *anthropos* hoje exige aquilo a que se designava na antiguidade clássica por *paraskeue* ou «equipamento», algo que se afigura como uma mediação que faz do *logos* um *ethos*. A intuição recebe-a Rabinow do Michel Foucault dos cursos no Collège de France na década de oitenta (1981-82) reunidos em *L'hermeneutique du sujet* (2001), cursos em que Foucault mostra como para o pensamento antigo clássico o «conhecimento de si» estava ligado ao «cuidado de si». Apoiando-se nesta mediação entre *logos* e *ethos*, Rabinow coloca-nos perante a urgência de desenvolvermos as ferramentas necessárias a esta passagem que vai do *logos* ao *ethos*, ou seja, de inventarmos o equipamento do contemporâneo. Pensar é assim uma atividade prática, um *ethos*, e mais do que isso, um trabalho de «colaboração», o que exige a construção de uma topografia de problemas emergentes tomados como comuns. Não me vou concentrar neste aspeto que será, porventura, aquilo que faz de Rabinow um pensador projetivo a uma escala pouco consentânea com aquilo que é familiar no mundo académico.[131] Importa porém destacar, e tendo em conta o meu percurso em *Mestres da verdade invisível*, esse dado essencial à antropologia do contemporâneo que se prende com as figurações do humano, com essa criatura a que Rabinow dá o nome de *anthropos* e que é, seguramente, um espaço de eleição da modernidade enquanto problema multiforme. Um espaço de densidade histórica apreciável de que continuamos, em muitos aspetos, prisioneiros. Um espaço de dificuldade e de risco.

§

Como mudar o *logos* em *ethos*? Não o sabemos e provavelmente não o vamos saber antecipadamente, como de algum modo Rabinow afirma. E que *logos* é este, o do *anthropos* em que se afadigaram as ciências humanas, fossem elas a antropologia ou a psiquiatria? Que inscrição tem isto na recursividade a que, seguindo Rabinow, chamamos de contemporâneo?

---

[131] Ver o seu *Accompaniment: assembling the contemporary* (2011).

Um modo de o pensarmos será, porventura, através de uma ponderação dessa região-problema que se prende com as descrições contemporâneas sobre o cérebro e a identidade, assumindo uma estratégia que não andará também muito longe de outro foucauldiano não menos decisivo. Refiro-me a Ian Hacking. Partindo da estratégia de procurar entender o modo como os objetos se constituem através do discurso, Hacking propõe-nos que consideremos a possibilidade de desenvolver uma «ontologia histórica» (2002). Os objetos são criados discursivamente e participam de recursividades históricas que interessa ponderar.

O que seria *uma ontologia histórica do cérebro no presente*? É esta a minha pergunta. Que *descontinuidades* é que tal ontologia histórica reclama em relação àquilo que me moveu em *Mestres da verdade invisível*? Que *continuidades*? Temos uma descrição do cérebro por volta de 1780, outra vinte cinco anos depois, outra duzentos anos depois. O «mesmo» órgão continua a assumir as mesmas valências discursivas em quaisquer das secções? Este modo de colocar o problema é uma paráfrase de Hacking. Fazendo apelo à noção de «conhecimento em profundidade», responde o filósofo, não deixando de enfatizar a dimensão cesural ou descontinuista que aqui se encontra também em causa:

> Este tipo de conhecimento «em profundidade» assemelha-se mais a um conjunto de regras que determinam que tipo de frases vão ser tomadas como verdadeiras ou falsas em algum domínio. Os tipos de coisas que podem ser ditas sobre o cérebro em 1780 não são os tipos de coisas que podem ser ditas um quarto de século depois [e por extensão, direi eu, o tipo de coisas que podem ser ditas dois séculos depois]. Isto não é porque temos diferentes crenças sobre cérebros, mas porque «cérebro» denota um outro tipo de objeto no último discurso, e ocorre em diferentes tipos de frases (Hacking, 2002, p. 77).

Como se define o conhecimento em profundidade acerca do cérebro no presente, será porventura um modo de traduzir a pergunta que antes formulei. Este conhecimento em profundidade não radica nas crenças ou intenções dos sujeitos, mas numa distribuição de regularidades que permite articular o que é proposicionalmente válido. Uma outra pergunta procede daqui: como é que se fazem «pessoas» a partir do conhecimento em profundidade acerca do cérebro, sabendo-se, como fui evidenciando através do meu argumento em *Mestres da verdade invisível*, que *modos de descrever objetos contaminam modos de ação*. Neste sentido, seguindo Ian Hacking, pensar os modos de descrever o cérebro na transição do século XXI, por exemplo, será um modo de contemplarmos também o modo de fazer pessoas no presente. Estou assim particularmente interessado numa «teoria geral» do que é «fazer pessoas» (*e.g.*, *id.*, pp. 6-114) através do conhecimento do cérebro. E uma parte significativa do meu projeto, desde as minhas investigações etnográficas acerca do distúrbio de *stress* pós-traumático (*e.g.*, Quintais, 2000) até *Mestres da verdade invisível* tem sido, indubitavelmente, este.

O que é a neuro-identidade e para que serve essa neuro-identidade?

§

Só tenho fragmentos sobre isto, e gostaria de me cingir a alguns desses fragmentos, partindo de uma hipótese de trabalho que é esta, a de que os discursos sobre a neuro-identidade fazem pessoas e criam todo um conjunto de efeitos que são, também eles, forenses, logo políticos.[132] Algo que nos permite também realizar as linhas de continuidade (para lá das cesuras foucauldianas que podemos pressentir na matriz vocabular e concetual de um filósofo como Ian Hacking) que se fazem inscrever no projeto moderno e do qual somos tributários ainda.

§

Um dos debates contemporâneos sobre a neuro-identidade prende-se com os fundamentos naturais da «moralidade» e com a possibilidade

---

[132] Esta hipótese é por mim desenvolvida em «Modernidade e pesadelo: ciência, localização cerebral e economia explicativa» (Quintais, 2001). Muitas das posições por mim aí defendidas mereciam ser matizadas. Seja como for, reclamo nesse ensaio uma dimensão de rigor concetual e de acautelamento ético do conhecimento científico na qual me revejo hoje.

das transgressões radicarem numa falência dos mecanismos neuromor-fológicos e neurofisiológicos envolvidos. Se atentarmos bem é algo que não anda muito longe das apreciações científicas e de senso comum degladiando-se no território circunscrito pelo caso Josefa Greno.

§

A 28 de outubro de 2003 realizou-se em Lisboa, por convite da Ordem dos Advogados, um conjunto de discussões públicas acerca deste tema. O *Público* noticiou o evento no próprio dia, fazendo, no dia seguinte, uma reportagem. Com os significativos títulos de «Neurologia: o bem e o mal em debate» (Anónimo, 2003a), «António Damásio: direito devia analisar violência devido a lesões cerebrais» (Anónimo, 2003b) e «Diferenças no cérebro revelam origem de comportamentos violentos» (Machado, 2003), os artigos debruçam-se sobre a vinda a Lisboa dos neurocientistas António R. Damásio, Hanna Damásio e Bernhard Bogerts. Este último é-nos apresentado nos seguintes termos:

> Um criminoso tem um cérebro especial? Há de facto diferenças estruturais e funcionais nos cérebros de indivíduos violentos, defende Bernhard Bogerts, o neurobiólogo da Universidade de Madgeburgo, na Alemanha, que nos últimos cinco anos estudou o cérebro da terrorista alemã Ulrike Meinhof. Convidado pela Ordem dos Advogados a falar no âmbito de uma conferência sobre «o cérebro entre o bem e o mal», Bogerts explicou ontem, em Lisboa, como a agressividade e a disfunção social podem ter como origem causas físicas, químicas ou genéticas (Machado, 2003, p. 38).

Na véspera (na sua *webpage*) o *Público* esclarecia o trabalho de António Damásio:

> António Damásio lembrou também que grande parte das emoções sociais (desprezo, espanto, admiração, simpatia, orgulho ou compaixão) está inscrita no código genético (genoma) do ser humano. Como prova

190

de que estas emoções estão inscritas no aparelho genético, e não depen-
dentes da educação ou da cultura, o investigador referiu a sua existência
em animais como aves, cães ou até morcegos, como já demonstraram
vários estudos científicos, indicando que lesões no lóbulo frontal do cérebro fazem com que estas emoções desapareçam (Anónimo, 2003b, p.2).

§

Ainda durante este período, a edição da *Scientific American* de
outubro de 2003 era integralmente dedicada ao tema «Beter brains: how
neuroscience will enhance you». Um dos meus textos favoritos reporta-se
(e cito aqui a edição brasileira) a «Leitores da mente» (Ross, 2003, pp.
66-9). Neste texto são seriamente ponderadas as hipóteses de, por meio
de técnicas de neuroimagiologia, se aceder aos conteúdos da mente.
Estas máquinas poderão, é-nos dito, «em breve, distinguir pensamentos
elementares e separar factos reais de ficção» (*id.*, p. 66).

§

A 15 de fevereiro de 2004, um investigador português do Centro
de Ciências do Comportamento Desviante da Faculdade de Psicologia
da Universidade do Porto era entrevistado pelo *Público*. A entrevista,
de página inteira, tinha por mote uma tese de doutoramento que defendia uma correlação entre a reincidência criminal e fatores de caráter
psicobiológico. Numa reiteração da velha aporia ação-sujeito da ação que
vimos permear o tecido disciplinar moderno, o investigador, Fernando
Barbosa, defendia, por exemplo, que:

> A nós não nos interessa a culpa do agente criminal, mas compreender
> o comportamento numa matriz causal. Comete-nos a nós, investigado-
> res, dotar quem aplica as leis de informação para que a pena seja mais
> ajustada ao ator criminal. Os juízes tomam decisão de forma dicotómica:
> perante os factos apurados, o indivíduo é culpado ou inocente. Mas o
> princípio jurídico «para crimes iguais, penas iguais» não faz sentido à

luz da investigação científica. É importante o juiz conhecer não só o crime, mas também o ator criminal. Dar o salto: passar de um tribunal da matéria de facto para um tribunal dos factos consumados (Pereira, 2004, p. 5).

Até aqui, dir-se-ia que nada de novo a acrescentar ao modelo biopolítico que a modernidade nos legou, e que continua a exercer os seus sortilégios, ainda que manifestamente em recuo (um dos sintomas desse recuo é, por exemplo, o modo como a desinstitucionalização e o desencarceramento ganharam inúmeros adeptos). O que nos demonstra porém a implicação deste tipo de trabalhos num outro modo de constituição do sujeito e num outro modo de controlo do sujeito será porventura a afirmação de que, através de técnicas de «bio-feedback» poderemos, desde já, potenciar uma monitorização e auto-monitorização de estados emocionais, que poderá conduzir-nos a uma mais eficaz ressocialização do sujeito criminoso:

O «bio-feedback» permite aprender a conhecer os nossos estados emocionais através de respostas corporais. Liga-se a pessoa a um polígrafo, que faz o registo de vários sinais fisiológicos (atividade cardíaca, pressão sanguínea, atividade respiratória). Desta forma, fornecemos ao indivíduo um sinal exterior dos seus estados emocionais para que aprenda a conhecê-los e possa controlá-los. Para treinar as condutas pró-sociais, coloca-se o indivíduo em confronto com situações problema (id., ibid.).

E adiante, defendendo a ressocialização em comunidade, acrescenta o investigador:

Com programas de ressocialização mais eficazes, previne-se a reincidência. Repare: um dos indivíduos investigados acumulava já 14 penas de prisão. Até que ponto devemos continuar a insistir numa reação penal que sucessivamente se mostrou ineficaz? Temos de perguntar que outras estratégias podemos implementar para evitar que estes indivíduos vivam nos estabelecimentos prisionais? Há psicólogos a trabalhar nas prisões, que são muito bons a criar competências de tomada de decisão. Não podemos é deixar o corpo de lado. Melhor dito, o cérebro (*id.*, *ibid.*).

O controlo poderá ter por vértice o cérebro/corpo e, possivelmente, as suas extensões ou máquinas de acesso, monitorização, e regulação de estados internos.

§

Foi Gilles Deleuze que nos ensinou a olhar para o tipo de máquinas que nos rodeiam de forma a compreendermos o tipo de sociedades que vamos construindo. A minha proposta de desenvolvimento deste argumento alicerçar-se-ia, por exemplo, numa etnografia sobre o tipo de máquinas – de extensões do cérebro/corpo – em que se fundaria talvez um novo paradigma penal. Máquinas que nos revelam afinal um novo homem. Já não o «homem das disciplinas», mas o «homem do controlo», ou, como escreve Deleuze, «[o] homem das disciplinas era um produtor descontínuo de energia, mas o homem do controlo é mais ondulatório, posto em órbita, num feixe contínuo. O *surf* substituiu por toda a parte os velhos desportos» (2003, p. 243).

§

Em 2006, o biólogo evolutivo e cientista cognitivo Marc D. Hauser publica *Moral minds: how nature designed our universal sense of right and wrong*. Hauser é uma das vozes mais destacadas da ciência cognitiva recente a defender a tese do cérebro como um «órgão moral» e a naturalizar veementemente as nossas competências morais.[133] Hauser pretende aí demonstrar como os humanos desenvolveram um «instinto moral» que os faz produzir, de modo inconsciente, juízos acerca do bem

---

[133] Viria a cair em desgraça em agosto de 2010, com todo um conjunto de atribuições de má conduta científica junto da *Faculty of Arts and Sciences* da Universidade de Harvard onde lecionava.

e do mal. Este instinto seria uma caraterística universal da mente humana, insuscetível de quaisquer influências exteriores, como sejam as que derivariam das variáveis de género, educação ou religião. Hauser estará porventura próximo de outros destacados nativistas como Chomsky, Dennett ou Pinker, radicalizando, porém, o jogo de linguagem em que se fazem inscrever muitas das posições daqueles. Aliás, Hauser agradece a leitura do manuscrito feita pelos seus «amigos» Chomsky, Dennett e Pinker, que terão providenciado «críticas honestas e por vezes brutais» («para que servem os amigos», comenta, também entre parêntesis, Hauser [id., p. xi]). O livro será objeto de uma crítica, também ela «brutal», por Richard Rorty, que não me parece ter feito parte do núcleo de amigos de Hauser, no *The New York Times*. Escreve, por exemplo, Rorty:

> O exuberante triunfalismo do prólogo de *Moral minds* conduz o leitor à expetativa de que Hauser fornecerá critérios para distinguir códigos morais paroquiais de princípios universais, e que oferecerá, pelo menos, um esboço de lista destes princípios. Estas expetativas não se cumprem. Grande parte de *Moral minds* consiste de relatórios de resultados experimentais, mas Hauser faz muito pouco para tornar claro como é que estes resultados sustentam a sua afirmação de que há «uma voz moral da nossa espécie» (2006, s/p).

§

Em novembro de 2011, o *Público* dava um significativo destaque à vinda a Portugal do neurocientista Ed Boyden. Boyden, um «*wiz-kid*» do MIT, defende desafiadoramente a possibilidade de «tornar conscientes certos tipos de objetos». Respondendo à jornalista Ana Gerschenfeld, Boyde faz apelo à estafada analogia cérebro/computador e diz-nos:

> Suponhamos que uma pessoa sofre de depressão – perdeu a esperança, a motivação, acha que nada do que faz vale a pena. Podemos pôr um elétrodo numa parte do seu cérebro chamada área 25 e, de repente, quando ligamos esse estimulador elétrico, que é controlado

por um computador exterior, a pessoa torna-se mais enérgica, mais motivada, sente-se mais ligada aos outros, a sua maneira de estar no mundo muda totalmente. De certa maneira, podemos dizer que temos aqui um híbrido de humano e computador, não é? O computador sabe exatamente quais os impulsos elétricos que deve emitir, possui circuitos que lhe permitem enviá-los na altura certa – e está a transmitir para a parte certa do cérebro. § Imaginemos que inserimos não um, mas 100 elétrodos no cérebro dessa pessoa. Agora já temos a capacidade de lá introduzir informação para, por exemplo, codificar certos tipos de memórias. Suponhamos então que a pessoa tem a doença de Alzheimer ou sofre um AVC e que parte da sua memória é destruída. Se houvesse uma maneira de codificar as memórias, de fazer um *backup* e de, a seguir à doença, fazer chegar essa informação às células que foram poupadas, seria possível tornar a inserir as memórias perdidas (Gerschenfeld, 2011, p. 6).

§

Jornais, livros, relatórios científicos. Arquivo. Apropriações. Ciência no espaço-público. Fazer cérebros. Fazer pessoas.

Nada nos diz que a economia explicativa (e a rarefação de sentidos em que essa economia explicativa se explicita no espaço público) aqui em análise se traduzirá em alterações de caráter global no desenho das instituições forenses contemporâneas. Nada nos diz. Mas a possibilidade (o sonho/pesadelo) que a margina, a saber, a de criarmos um patamar *epistemológico e forense comum* que nos permita fazer cumprir a Cosmopólis moderna (a utopia biopolítica que os escritos de Foucault pretenderam identificar e que Deleuze brilhantemente faz desdobrar e metamorfosear na sua reflexão sobre as «sociedades do controlo») parece aliciar-nos constantemente.

Tal projeto assenta numa rarefação, obliteração e esquematização de sentidos, o que nos vem mostrar, afinal, que o conhecimento é um recurso e um recurso escasso, e que o conhecimento é o território de disputa por excelência do moderno e, com ele, do contemporâneo.

BIBLIOGRAFIA

Aldemira, Luís Varela (1951) *A pintora Josefa Greno: nova autópsia dum velho caso (no centenário da SNBA)*. Lisboa, Livraria Portugália.

Anónimo (2003a) «Neurologia: o bem e o mal em debate». *Público*, 28 de outubro de 2003, p. 33.

Anónimo (2003b) «António Damásio: direito devia analisar violência devido a lesões cerebrais». *Público* (*webpage*), http://www.publico.pt (acedido em 2.01.2012 às 15.08 horas).

Assis, Machado de (2001 [s/d]) *O alienista*. Coimbra e Castelo Branco, Alma Azul.

Barrows, Susanna (1990 [1981]) *Miroirs déformants: réflexions sur la foule en France à la fin do xixe siècle*. Paris, Aubier.

Bauman, Zygmunt (2000 [1989]) *Modernity and the holocaust*. Ithaca, NI, Cornell University Press.

Beccaria, Cesare (1998 [1766]) *Dos delitos e das penas*. Lisboa, Fundação Calouste Gulbenkian.

Bentham, Jeremy (1995) *Panopticon writings*. Londres & Nova Iorque, Verso (edição de Miran Bozovic).

Berlin, Isaiah (1999) *The roots of romanticism*. Londres, Chatto & Windus.

Berrios, German (1999a [1995]) «Dementia, Clinical Section». In German Berrios e Roy Porter ed. *A history of clinical psychiatry: the origin and history of psychiatric disorders*. Londres e New Brunswick, NJ, Athlone.

Berrios, German e Dominic Beer (1999 [1995]) «Unitary psychosis concept: clinical Section». In German Berrios e Roy Porter ed. *A history of clinical psychiatry: the origin and history of psychiatric disorders*. Londres e New Brunswick, NJ, Athlone.

Blanckaert, Claude (1992) «L'Ethnographie de la décadence: culture morale et mort des races (xviiie-xixe siècles)». *Gradhiva*, 11, pp. 47-65.

Bombarda, Miguel (1894) *O hospital de Rilhafoles e os seus Serviços em 1892-1893*. Lisboa, Livraria Rodrigues.

Bombarda, Miguel (1896a) *Lições sobre a epilepsia e as pseudo-epilepsias*. Lisboa, Livraria de António Maria Pereira.

Bombarda, Miguel (1896b) «Un fait d'anarchisme». Separata de *Révue Neurologique*, pp.569-574.

Bombarda, Miguel (1898) *A consciência e o livre arbítrio*. Lisboa, Livraria de António Maria Pereira (1ª. edição).

197

Bombarda, Miguel (1900) *A ciência e o jesuitismo: réplica a um padre sábio*. Lisboa, Parceria António Maria Pereira.

Bombarda, Miguel (1902) *A consciência e o livre arbítrio*. Lisboa, Livraria António Maria Pereira (2ª. edição).

Bombarda, Miguel (2001 [1896]) *O delírio do ciúme*. Lisboa, Ulmeiro.

Canguilhem, Georges (1994 [1966]) *Le normal et le pathologique*. Paris, Presses Universitaires de France.

Carrara, Sérgio (1998) *Crime e loucura: o aparecimento do manicómio judiciário na passagem do século*. Rio de Janeiro, Editora da Universidade do Estado do Rio de Janeiro.

Carvalho, Fernando *et al*. (1996) *Hospital do Conde de Ferreira: breve história*, prospeto editado pelos serviços do Hospital do Conde de Ferreira, Porto.

Catroga, Fernando (1993a) «Os caminhos polémicos da "Geração Nova"». In José Mattoso dir. *História de Portugal*. Vol. v, Lisboa, Círculo de Leitores.

Catroga, Fernando (1993b) «Cientismo, política e anticlericalismo». In José Mattoso dir. *História de Portugal*. Vol. v, Lisboa, Círculo de Leitores.

Changeux, Jean-Pierre (s/d [1983]) *L'homme neuronal*. Paris, Hachette.

Cid, J.M. Sobral (s/d.) *Psicopatologia criminal: casuídica e doutrina*. Lisboa, Livraria Bertrand.

Cid, J.M. Sobral (1913) «As fronteiras da loucura». *Movimento Médico*, ano 9.º, 5/6, pp. 65-74.

Cid, J.M. Sobral (1930) «O caso Franz Piechowski: perseguido, perseguidor e magnicida». *Arquivos de Medicina Legal*, vol. iii, pp. 235-314.

Cid, J.M. Sobral (1935) «Reação anti-social complexa de um perseguido-perseguidor, II parte». *Arquivos de Medicina Legal*, vol. viii, pp. 9-32.

Cid, J.M. Sobral (1984 [1927]) «O Professor Miguel Bombarda: a sua carreira e a sua obra de alienista». In *Obras i: psicopatologia clínica e psicopatologia forense*. Lisboa, Fundação Calouste Gulbenkian.

Conselho Médico-Legal de Lisboa (1902) *O caso Josefa Greno pelos peritos do processo*. Lisboa, Tipografia Adolfo de Mendonça.

Coelho, Eduardo (1941) «Prof. Sobral Cid», separata de *Clínica, Higiene e Hidrologia*, junho.

Correia, Eduardo (1999) *Direito criminal*. Coimbra, Livraria Almedina.

Costa, A. Celestino da (1941) «O Professor Sobral Cid», separata de *Imprensa Médica*, ano vii, 9.

Costa, José Faria da (1998) «Ler Beccaria hoje». In Cesare Beccaria, *Dos delitos e das penas*. Lisboa, Fundação Calouste Gulbenkian.

Costa, Francisco Santos & Azevedo, M. Helena Pinto da (1989) «Conselho Médico-legal de Coimbra: breves notas acerca da imputabilidade atenuada». *Confluências: temas médico-legais* (homenagem ao prof. Doutor L. A. Duarte-Santos). Coimbra, Instituto de Medicina Legal.

Curto, Diogo Ramada (1995) «Crimes e Antropologia Criminal». *Revista Lusitana*, Nova Série 13-14, pp. 179-198.

Damásio, António R. (1994) *Descartes' error: emotion, reason and the human brain*. Londres, Papermac.

Davenport-Hines, Richard (2001) *The pursuit of oblivion: a global history of narcotics 1500--2000*. Londres, Weidenfeld & Nicholson.

Deleuze, Gilles (1998) *Foucault*. Lisboa, Vega.

Deleuze, Gilles (2003 [1990]) «*Post-scriptum* sobre as sociedades de controlo». In *Conversações*. Lisboa, Fim de Século.

Dennett, Daniel C. (1995) *A ideia perigosa de Darwin: evolução e sentido da vida*. Lisboa, Temas e Debates.

Doerner, Klaus (1981 [1969]) *Madmen and the bourgeoisie: a social history of insanity and psychiatry*. Oxford, Basil Blackwell.

Dowbiggin, Ian (1999 [1995]) «Delusional disorder, social Section». In German Berrios e Roy Porter ed. *A history of clinical psychiatry: the origin and history of psychiatric disorders*. Londres e New Brunswick, NJ.

Eigen, Joel Peter (1995) *Witnessing insanity: madness and mad-doctors in the English Court*. New Haven & Londres, Yale University Press.

Fernandes, Barahona (1952a) «Exumação do Caso da Pintora Josefa Greno». *O Médico*, ano 3°., 34, pp.13-15.

Fernandes, Barahona (1952b) «Miguel Bombarda». *O Médico*, ano 3°., 41, pp. 169-172.

Fernandes, Barahona (1957) «O professor Júlio de Matos e a Psiquiatria Portuguesa», separata do *Jornal do Médico*, vol. xxxii, 738, pp. 613-626.

Fernandes, Barahona (1958) «Júlio de Matos: alienista filósofo», separata de *O Médico*, 331.

Fernandes, Barahona (1981) «Sobral Cid, mestre da psicopatologia», separata de *O Médico*, ano 32.°, vol. 100, 1557, pp. 5-28.

Figueiredo, José Vale de (2001 [1922]) *Cartas de Camilo Castelo Branco a Tomás Ribeiro*. Tondela, Câmara Municipal de Tondela.

Flynn, Thomas (1994) «Foucault's mapping of history». In Gary Gutting ed. *The Cambridge companion to Foucault*. Cambridge, Cambridge University Press.

Foucault, Michel (1992 [1966]) *Les mots et les choses: une archéologie des sciences humaines*. Paris, Gallimard.

Foucault, Michel (1993 [1975]) *Surveiller et punir: naissance de la prison*. Paris, Gallimard.

Foucault, Michel (1994a [1975]) «Les anormaux». In *Dits et écrits 1954-1988*, vol. ii, *1970--1975*. Paris, Gallimard.

Foucault, Michel (1994b [1976]) *História da sexualidade I: a vontade de saber*. Lisboa, Relógio de Água.

Foucault, Michel (1994c [1978]) «L' évolution de la notion d' "individu dangereux" dans la psychiatrie légale du xixe siècle». In *Dits et écrits: 1954-1988*, vol. iii, 1976-1979. Paris, Gallimard.

Foucault, Michel (1994d [1978]) «Introduction». In *Dits et écrits: 1954-1988*, vol. iii, 1976--1979. Paris, Gallimard.

Foucault, Michel (1997a [1963]) *Naissance de la clinique*. Paris, Presses Universitaires de France.

Foucault, Michel (1997b [1971]) *A ordem do discurso: aula inaugural no Collège de France, pronunciada em 2 de dezembro de 1970*. Lisboa, Relógio d' Água.

Foucault, Michel (1997c [1973]) ed. *Eu, Pierre Rivière, que degolei a minha mãe, a minha irmã e o meu irmão*. Lisboa, Terramar.

Foucault, Michel (1999 [1972]) *História da loucura na Idade Clássica*. São Paulo, Editora Perspetiva.

Foucault, Michel (2001) *L' herméneutique du sujet: cours au Collège de France (1981-1982)*. Paris, Seuil.

Foucault, Michel (2002 [1969]) *The archeology of knowledge*. Londres e Nova Iorque, Routledge.

Foucault, Michel *et al*. (1995 [1976]) *Les machines à guérir (aux origines de l'hôpital moderne)*. Paris, Mardaga.

Freire, Basílio Augusto Soares da Costa (1886) *Estudos de antropologia patológica: os degenerados*. Coimbra, Imprensa da Universidade.

Freire, Vítor Albuquerque (2009) *Panóptico, vanguardista e ignorado: o pavilhão de segurança do hospital Miguel Bombarda*. Lisboa, Livros Horizonte.

Furtado, Diogo (s/d) «Prof. Sobral Cid», separata da *Revista do Auto-Club Médico Português*, 19.

Garland, David (1990) *Punishment and modern society: a study in social theory*. Chicago, The University of Chicago Press.

Garofalo, Raffaelle (1893) *Criminologia: estudo sobre o delito e a repressão penal*. Lisboa, Teixeira & Irmão Editores.

Geertz, Clifford (1993a [1973]) «Thick description: toward an interpretive theory of culture». In *The interpretation of cultures*. Londres, Fontana Press.

Geertz, Clifford (1993b [1973]) «Ethos, world view, and the analysis of Sacred Symbols». In *The interpretation of cultures*. Londres, Fontana Press.

Gerschenfeld, Ana (2011) «Entrevista Ed Boyden: "não me parece impossível tornar conscientes certo tipo de objetos"», *Público, P2*, 10 de novembro, pp. 4-6.

Gil, José (1999) «Responsabilidade». In Ruggiero Romano ed. *Direito-classes, Enciclopédia Einaudi*. Vol. 39, Lisboa, Imprensa Nacional Casa da Moeda.

Gilman, Sander L. (1985) *Difference and pathology: stereotypes of sexuality, race, and madness*. Ithaca, NI, Cornell University Press.

Gilman, Sander, L. (1986) *Jewish self-hatred: anti-semitism and the hidden language of the jews*. Baltimore, John Hopkins University Press.

Ginzburg, Carlo (1991a [1976]) *O queijo e os vermes: o cotidiano e as idéias de um moleiro perseguido pela Inquisição*. São Paulo, Companhia das Letras.

Ginzburg, Carlo (1991b [1989]) *A micro-história e outros ensaios*. Lisboa, Difusão Editorial, Lda.

Ginzburg, Carlo (1999) *The judge and the historian: marginal notes on a late-twentieth--century miscarriage of justice*. Londres e Nova Iorque, Verso.

Goldstein, Jan (2001 [1987]) *Console and classify: the French psychiatric profession in the nineteenth century*. Chicago e Londres, The University of Chicago Press.

Gould, Stephen Jay (1981) *The mismeasure of man*. Nova Iorque e Londres, W.W. Norton & Company.

Gutting, Gary (1994a) «Introduction Michel Foucault: a user's manual». In Gary Gutting ed. *The Cambridge companion to Foucault*. Cambridge, Cambridge University Press.

Gutting, Gary (1994b) «Foucault and the History of Madness». In Gary Gutting ed., *The Cambridge companion to Foucault*. Cambridge, Cambridge University Press.

Hacking, Ian (1995) *Rewriting the soul: multiple personality and the sciences of memory*. Princeton, NJ, Princeton University Press.

Hacking, Ian (1999 [1998]) *Mad travellers: reflections on the reality of transient mental illnesses*. Londres, Free Association Books.

Hacking, Ian (2002) *Historical ontology*. Cambridge, Massachusetts, Harvard University Press.

Harrington, Anne (1987) *Medicine, mind, and the double Brain*. Princeton, NJ, Princeton University Press.

Harris, Ruth (1989) *Murders and madness: medicine, law, and society in the* Fin de Siècle. Oxford, Clarendon Press.

Hauser, Marc D. (2006) *Moral minds: how nature designed our universal sense of right and wrong*. Londres, Little, Brown.

Horgan, John (2000 [1999]) *The undiscovered mind: how the brain defies explanation*. Londres, Phoenix Mass Market.

Houston, R. A. (2000) *Madness and society in Eighteenth-Century Scotland*. Oxford, Clarendon Press.

Ilharco, Fernando (1981) «Prof. José de Matos Sobral Cid: o homem e a personalidade», separata de *O Médico*, 100.

Ingram, Allan (1991) *The madhouse of language: writing and reading madness in the eighteenth century*. Londres e Nova Iorque, Routledge.

Jara, José Manuel (1999) «Percurso Introdutório». In Bernardino António Gomes (1999 [1843]) *Dos estabelecimentos de alienados nos estados principais da Europa*. Lisboa, Ulmeiro.

Kant, Immanuel (1985 [1781]) *Crítica da razão pura*. Lisboa, Fundação Calouste Gulbenkian.

Kant, Immanuel (2002 [s/d]) *Lecciones de ética*. Barcelona, Crítica.

Kuhn, Thomas (1962) *The structure of scientific revolutions*. Chicago, Chicago University Press.

Kuper, Adam (1991 [1988]) *The invention of primitive society: transformations of an illusion*. Londres e Nova Iorque, Routledge.

Lacerda, Augusto (1888) *A lei da exautoração militar: a propósito da exautoração do alferes Marinho da Cruz*. S. l., Editor Rodam Tavares.

Lima, Pires de (1906) *A medicina forense em Portugal: esboço histórico*. Porto, Tipografia do «Porto Médico».

Lucas, Bernardo (1887) *A loucura perante a lei penal: estudo médico-legal dos delinquentes a propósito do crime de Marinho da Cruz*. Porto, Barros & Filha, editores.

Machado, Ana (2003) «Diferenças no cérebro revelam origem de comportamentos violentos», *Público*, 29 de Outubro, p. 38.

Manuila, L. *et al.* (2000 [1999]) *Dicionário médico*. Lisboa, Climepsi Editores.

Marinucci, Giorgio (1998) «Cesare Beccaria, um nosso contemporâneo». In Cesare Beccaria, *Dos delitos e das penas*. Lisboa, Fundação Calouste Gulbenkian.

Marques, Mário Reis (s/d [1993]) «Estruturas Jurídicas». In José Mattoso dir. *História de Portugal*. Vol. v, Lisboa, Estampa.

Martins, Hermínio (1996a) «A "revolução" Kuhniana e as suas implicações para a sociologia». In *Hegel, Texas e outros ensaios de teoria social*. Lisboa, Século XXI.

Martins, Hermínio (1996b) «Tecnologia, Modernidade e Política». In *Hegel, Texas e outros ensaios de teoria social*. Lisboa, Século xxi.

Martins, Sílvia Regina de Pinho (1995) *A polémica entre Miguel Bombarda e Manuel F. Santana (no contexto do séc. XIX português)*. Tese de mestrado, Faculdade de Letras da Universidade do Porto.

Matos, Júlio de (1884) *Manual de doenças mentais*. Porto, Livraria Cultural de Campos & Godinho Editores.

Matos, Júlio de (1893) «Prefácio da edição Portuguesa». In Raffaelle Garofalo, *Criminologia: estudo sobre o delito e a repressão penal*. Lisboa, Teixeira & Irmão Editores.

Matos, Júlio de (1898) *Paranóia: ensaio patogénico sobre os delírios sistematizados*. Lisboa, Livraria Editora Tavares Cardoso & Irmão.

Matos, Júlio de (1902) *Os alienados nos tribunais*. Vol. i, Lisboa, Livraria Clássica Editora.

Matos, Júlio de (1903) *Os alienados nos tribunais*. Vol. ii, Lisboa, Livraria Clássica Editora.

Matos, Júlio de (1907) *Os alienados nos tribunais*. Vol. iii, Lisboa, Livraria Clássica Editora.

Matos, Júlio de (1911) *Elementos de psiquiatria*. Porto, Livraria Chardron.

Matos, Júlio de (1913 [1889]) *A loucura: estudos clínicos e médico-legais*. Lisboa, Livraria Clássica Editora de A. M. Teixeira.

Mendes, J. Caria (1985 [1980]) «Miguel Bombarda». *Arquivo de anatomia e antropologia*, vol. xxxix, pp.77-82.

Merquior, José Guilherme (1985) *Michel Foucault ou o niilismo de cátedra*. Rio de Janeiro, Editora Nova Fronteira.

Mignot, Claude (1994 [1983]) *Architecture of the 19th Century*. Köln, Evergreen.

Monteiro, António Fernando (1989) «A coordenação da psiquiatria forense na circunscrição médico-legal de Coimbra». In *Confluências: temas médico-legais* (homenagem ao prof. Doutor L. A. Duarte-Santos). Coimbra, Instituto de Medicina Legal.

Moore, Michael S. (1984) *Law and psychiatry: rethinking the relationship*. Cambridge, Cambridge University Press.

Neve, M. (1997a) «The influence of degenerationist categories in nineteenth-century psychiatry with special reference to Great Britain». In Yosio Kawaita et al. *The history of psychiatric diagnosis*. Tokyo, Ishiyaku Euro-American Inc.

Neve, M. (1997b) «Medicine and the mind». In Irvine Loudon ed., *Western medicine: an illustrated history*. Oxford, Oxford University Press.

Neves, Azevedo (1922) «Os serviços médico-forenses em Portugal». *Arquivo de Medicina Legal*, 1.º vol., ano 1.º, pp.194-247.

Nye, Robert (1975) *The origins of crowd psychology: Gustave LeBon and the crisis of the mass democracy in the Third Republic*. Londres e Beverly Hills, Sage.

Nye, Robert (1984) *Crime, madness and politics in Modern France: the medical concept of national decline*. Princeton, Princeton University Press.

Osório, Paulo (1906) *Criminosos loucos: a criminologia moderna, a medicina legal portuguesa, as bases duma reforma*. Porto, Empresa Literária e Tipográfica – Editora.

Oppenheimer, Heinrich (1909) *The criminal responsability of lunatics: a study in comparative law*. Londres, Sweet and Maxwell, Limited.

Pádua, António de (1910) «Professor Miguel Bombarda». *Movimento Médico: revista quinzenal de medicina e cirurgia*, ano 6º., 20, pp. 305-9.

Palma, Maria Fernanda (2000) «Criminalidade». In Maria Fernanda Palma *et al. Casos e materiais de direito penal*. Coimbra, Livraria Almedina.

Parker, Sybil P. ed. (2002). *MacGraw-Hill dictionary of scientific and technical terms*. Nova Iorque, MacGraw-Hill.

Panizza, Oskar (1989 [1898]) *Psychopathia criminalis: guia para a avaliação psiquiátrica e definição científica das doenças mentais declaradas necessárias pelo tribunal para uso de médicos, leigos, juristas, tutores, funcionários da administração, ministros, etc.* Lisboa, Edições Antígona.

Pereira, Ana Cristina (2004) «Juízes deviam requisitar testes psicobiológicos sobre criminosos reincidentes: entrevista com Fernando Barbosa». *Público*, 15 de fevereiro, p.5.

Pereira, Ana Leonor (1984a) «Hospitais de alienados em Portugal: origens do internamento». Prova pedagógica na área de História das Instituições Contemporâneas, Universidade de Coimbra.

Pereira, Ana Leonor (1984b) *A economia da alienação mental na obra de Júlio de Matos*. Prova científica na área de História das Ideias Contemporâneas, Universidade de Coimbra.

Pereira, Ana Leonor (1986) «A institucionalização da loucura em Portugal». *Revista Crítica de Ciências Sociais*, 21 de novembro, pp. 85-100.

Pereira, Ana Leonor (2001) *Darwin em Portugal (1865-1914): filosofia, história, engenharia social*. Coimbra, Livraria Almedina.

Pereira, Fernando Martins (1923) «A assistência aos alienados criminosos (notas)». *Boletim do Instituto de Criminologia*, vol. 2, pp. 91-117.

Pick, Daniel (1996 [1989]) *Faces of degeneration: a European disorder, c.1848-c.1918*. Cambridge, Cambridge University.

Pick, Daniel (1997) «Stories of the eye». In Roy Porter ed. *Rewriting the self: histories from the Renaissance to the present*. Londres e Nova Iorque, Routledge.

Pinto, Silva (1888) *O caso Marinho da Cruz: carta a Sua Alteza Real O Príncipe Regente*. Lisboa, Tipografia da Viúva Sousa Neves.

Polónio, Pedro (1975) *Psiquiatria forense*. Coimbra, Coimbra Editora.

Porter, Roy (1987) *Mind forg'd manacles: a history of madness in England from the Restoration to the Regency*. Londres, Athlone Press.

Porter, Roy (1992) «Madness and its Institutions». Andrew Wear (ed.), *Medicine in society: historical essays*. Cambridge, Cambridge University Press.

Porter, Roy (1996 [1987]) *A social history of madness: stories of the insane*. Londres, Weidenfeld & Nicholson.

Porter, Roy (1999 [1995]) «Epilepsy, social section». In German Berrios e Roy Porter ed. *A history of clinical psychiatry: the origin and history of psychiatric disorders*. Londres e New Brunswick, NJ.

Porter, Roy (1999b [1995]) «Epilepsy, clinical Section». In German Berrios e Roy Porter ed. *A history of clinical psychiatry: the origin and history of psychiatric disorders*. Londres e New Brunswick, NJ, Athlone.

Providência, Paulo (2000) *A cabana do higienista*. Coimbra, Edições do Departamento de Arquitetura da FCTUC.

Quintais, Luís (1998) «Um homem escondido dentro do homem inexistente: uma situação de diagnóstico de uma desordem psiquiátrica». *Etnográfica*, vol.ii, 1, pp. 55-72.

Quintais, Luís (2000) *As guerras coloniais portuguesas e a invenção da história*. Lisboa, Imprensa de Ciências Sociais.

Quintais, Luís (2001) «Modernidade e Pesadelo: um ensaio sobre ciência, localização cerebral, e economia explicativa». *Antropologia Portuguesa*, vol.18, pp. 207-31.

Quintais, Luís (2002) «O teatro da destruição e da verdade e a psiquiatria portuguesa na transição do século XIX». *Revista de História das Ideias*, vol. 23, pp. 365-87.

Quintais, Luís (2006) *Franz Piechowski ou a analítica do arquivo*. Lisboa, Livros Cotovia.

Quintais, Luís (2007) «Fluidez tectónica: as bio-tecno-ciências, a bio-arte e a paisagem cognitiva do presente». *Revista Crítica de Ciências Sociais*, 79, pp. 79-94.

Quintais, Luís (2009) «Mondrian, Derrida and the biotechnologies». In Marta de Menezes. *Decon: deconstruction, decontamination, decomposition*. Oeiras, Lisboa, Ectopia /Instituto Gulbenkian de Ciência/Fundação Calouste Gulbenkian.

Rabinow, Paul (2003) *Anthropos today: reflections on modern equipment*. Princeton e Oxford, Princeton University Press.

Rabinow, Paul (2008) *Marking time: on the anthropology of the contemporary*. Princeton e Oxford, Princeton University Press.

Rabinow, Paul (2011) *The accompaniment: assembling the contemporary*. Chicago, University of Chicago Press.

Ramos, Rui (1994), *A segunda fundação (1890-1926)*. In José Mattoso dir. *História de Portugal*. Vol. vi, Lisboa, Editorial Estampa.

Ramos, Rui (2001) *João Franco e o fracasso do Reformismo Liberal (1884-1908)*. Lisboa, Imprensa de Ciências Sociais.

Renneville, Marc (1995) «Alexandre Lacassagne: un médecin-anthropologue face à la criminalité (1843-1924)». *Gradhiva*, 17, pp. 127-40.

Ribeiro, Tomás (1887) *Apontamentos da célebre causa criminal de Marinho da Cruz*. Lisboa, Tipografia Luso-Brasileira.

Ricoeur, Paul (1997) *O justo ou a essência da Justiça*. Lisboa, Instituto Piaget.

Rorty, Richard (2006) «Born to be good». *The New York Times*, 27 de agosto. *Webpage*: http: // www.nytimes.com (acedido em 3.01.2012 às 15. 54 horas).

Rosenberg, Charles E. (1968) *The trial of the assassin Guiteau: psychiatry and law in the Gilded Age*. Chicago & Londres, The University of Chicago Press.

Rosenberg, Charles E. (1992) «Body and mind in Nineteenth-Century medicine: some clinical origins of the neurosis construct». In *Explaining epidemics and other studies in the history of medicine*. Cambridge e Nova Iorque, Cambridge University Press.

Ross, Philip (2003) «Leitores da mente». *Scientific American*, ano 2.°, 17, pp. 66-9.

Rouse, Stephen (1994) «Power / knowledge». In Gary Gutting ed. *The Cambridge companion to Foucault*. Cambridge, Cambridge University Press.

Santana, Manuel Fernandes de (1899) *O materialismo em face da ciência: a propósito da consciência e livre arbítrio do Sr. Professor Miguel Bombarda*. Lisboa, Tipografia da Casa Católica.

Santos, Beleza dos (s/d) «Código». In *Grande enciclopédia portuguesa e brasileira*. Vol. vii, Lisboa, Rio de Janeiro, Editorial Enciclopédia Limitada.

Scull, Andrew (1982 [1979]) *Museums of madness*. Londres, Penguin Books.

Scull, Andrew (1995) *Masters of Bedlam: the transformation of the mad-doctoring trade*. Princeton, Princeton University Press.

Sena, António Maria de (1884) *Os alienados em Portugal I: história e estatística*. Lisboa, Medicina Contemporânea.

Sena, António Maria de (1885) *Os alienados em Portugal II: hospital do Conde de Ferreira*. Porto, Imprensa Portuguesa.

Shorter, Edward (1997) *A history of psychiatry: from the era of the asylum to the age of Prozac*. Nova Iorque, John Wiley & Sons, Inc.

Simões, João Gaspar (1980 [1954]) *Vida e obra de Fernando Pessoa: história de uma geração*. Amadora, Livraria Bertrand.

Smith, Roger (1981) *Trial by medicine: insanity and responsibility in Victorian Trials*. Edinburgo, Edinburgh University Press.

Soeiro, Luís Navarro (1957) «Júlio de Matos: sua personalidade e alguns aspetos da sua obra», separata de *Portugal Médico*, s/n.°.

Sontag, Susan (1991 [1978, 1989]) *Illness as metaphor & aids and its metaphors*. Londres, Penguin Books.

Stafford, Barbara Maria (1993 [1991]) *Body criticism: imaging the unseen in Enlightenment art and medicine*. Cambridge, Massachusetts, Londres, The MIT Press.

Toulmin, Stephen (1990) *Cosmopolis: the hidden agenda of modernity*. Chicago, University of Chicago Press.

Vaz, Maria João (1998) *Crime e sociedade: Portugal na segunda metade do século XIX*. Oeiras, Celta.

Victor, Jayme (1899) «Hospital de Rilhafoles: civilização e assistência dos alienados». *Revista Brasil Portugal*, 16, 11, 20, pp. 3-6.

Walker, Nigel (1968) *Crime and insanity in England: the historical perspective*. Edinburgo, Edinburgh University Press.

Young, Robert (1990 [1970]) *Mind, brain, and adaptation in the nineteenth century: cerebral localization and its biological context from Gall to Ferrier*. Nova Iorque e Oxford, Oxford University Press.

Legislação (códigos, outros)

Código de justiça militar para o exército de terra aprovado por carta de lei de 9 de abril de 1875. Lisboa, Imprensa Nacional, 1877.

Código do processo penal. Coimbra, Coimbra editora, 1933 (1929).

Código penal aprovado por decreto de 16 de setembro de 1886, Lisboa, Imprensa Nacional, 1886a.

Código penal sancionado por decreto de 16 de setembro de 1886 conforme a edição oficial seguido da reforma penal e de prisões que faz parte da lei de 1 de julho de 1867 e de um repertório alfabético. Lisboa, Imprensa da Casa Real, 1886b.

Coleção Oficial de Legislação Portuguesa (anos de 1889, 1896, 1899, 1900, 1911, 1936). Lisboa, Imprensa Nacional.

Decreto de 21 de Maio de 1841 que contém a Novíssima Reforma Judiciária codificada segundo a autorização concedida pela carta de lei de 28 de novembro de 1840. Lisboa, Imprensa Nacional, 1841.

Regulamento dos Serviços Médico-Legais aprovado por decreto de 16 de novembro de 1899 seguido de repertório alfabético. Lisboa, Tipografia da Gazeta de Lisboa, 1900.

Principais periódicos citados

A Medicina Contemporânea

A Paródia

Boletim do Instituto de Criminologia

Coimbra Médica

Democracia Portuguesa [DP]

Diário de Lisboa [DL]

Diário de Notícias [*DN*]

Jornal da Sociedade das Ciências Médicas de Lisboa

O Mundo Legal e Judiciário [*MLJ*]

O Século

Público

Revista Portugal Brasil

Processos citados

Marinho da Cruz (Arquivo Geral do Exército [«processos individuais», caixa 957, n°. 579]).

Arquivo do Conselho Médico-Legal de Coimbra, «Exames mentais» (1921-1936: processos vários), Coimbra, Instituto Nacional de Medicina Legal.

www.ingramcontent.com/pod-product-compliance
Lightning Source LLC
Chambersburg PA
CBHW070422270326
41926CB00014B/2896